SPSS 24.0 统计分析
——在语言研究中的应用

Application of SPSS 24.0 to Language Studies

黄晓玉　王兰会／编著

中国人民大学出版社
·北京·

前 言

PREFACE

　　随着科学技术日新月异的进步和发展，各学科之间越来越相互影响、相互渗透。语言学也不例外，它已发展成为多学科交叉的综合性学科。研究的范围变得越来越广泛，除了理论语言学、语音学与音系学、句法学、语义学和语用学以外，还包括社会语言学、心理语言学、认知语言学、语言习得、语言教学与测试、计算语言学、语料库语言学、法律语言学等。研究的方法也变得越来越科学与多样化，这主要得益于社会科学与自然科学所采用的科研方法与统计学的应用。由于现代语言学的这些发展，广大语言教学与科研工作者也因此而面临着前所未有的挑战。他们不仅要看懂刊登在国内外各种语言学和应用语言学期刊上的论文，尤其是其中的数据与实验结果分析，而且还需要运用各种实验手段和统计方法进行语言的科学研究。

　　然而，在从事多年的语言研究方法和统计方法的教学之后，我们发现即便不少语言教师和语言研究者已经学过并能较好地掌握语言研究方法和统计方法，但他们却普遍感到缺乏运用统计软件（如 SPSS）对收集到的数据进行统计分析的方法和技能。因此，作者希望《SPSS 24.0 统计分析——在语言研究中的应用》一书的出版，能够对从事语言教学与研究的广大教师、科研工作者、研究生和大学生助一臂之力。

　　根据上述读者的实际情况与需求，本书主要体现了如下特点：

　　1.简明扼要，便于掌握。本书不涉及对 SPSS 24.0 统计软件术语太专业的描述，只注重语言研究中对 SPSS 24.0 统计软件实际应用核心部分的描述，以便读者能够一看就懂，一学就会。

2.概念引导，深度分析。尽管本书的侧重点是利用软件进行数据的处理、计算和分析，但也对每一章的基本概念都进行了简单的介绍，以便读者能对接下来的实例分析做好理论上的准备。对实例的分析，尽可能做到步步到位，深入浅出。

3.围绕学科，实例生动。书中所有的实例都与语言学和语言教学研究有关，读者在学习中会有"曾似相识"的感觉，从而起到举一反三的作用，为日后的研究奠定基础。

4.实际操作，强化技能。每一章讲解完毕都配以实例操作练习，以强化对理论的理解和提高实际操作的能力。同时，书后还提供了练习的参考答案，以供读者自学参考。

本书的撰写获得北京林业大学研究生课程建设项目（JCCB15076）的资助，得到了北京林业大学外语学院院长史宝辉教授的鼓励与支持、中国人民大学出版社何冬梅女士、姚莉莎女士的信任与帮助。加拿大麦吉尔大学（McGill University）计算机科学博士刘肯堂（Hang T. Lau）先生参加了前期的讨论与第一章的部分编写工作。杜氏玄庄参加了SPSS软件应用的图形剪辑和编辑工作。黄成参加了软件菜单命令的文字编辑和审核工作。王经益副教授参加了书中4.2抽样方法一节的部分编写工作。沈玉华女士对本书进行了认真细致的审校，在此一并表示感谢。

此外，由于编著者水平有限，书中错误在所难免，敬请广大读者不吝批评指正。

作　者
于柏儒苑
2019 年 12 月

目　录

第1章

关于 SPSS 24.0 统计软件

SPSS 最早开发于 1968 年，是世界上应用最广泛的专业统计和数据分析软件之一。2009 年 IBM 全资收购了 SPSS 公司，正式更名为 "IBM SPSS"，本书中所有提到的 SPSS 即为 "IBM SPSS"。SPSS 软件在社会科学界和语言学界可以说是家喻户晓。如今 SPSS 更名为 IBM SPSS Statistics。迄今为止，SPSS 公司已有 50 余年的成长史。本章的首要任务是对 SPSS Statistics 24.0 软件进行简要的介绍，然后对 SPSS 24.0 for Windows 数据编辑器各窗口的功能进行简介，最后扼要描述如何打开数据文件。

1.1 SPSS Statistics 24.0 统计软件简介

SPSS（原名为 Statistical Package for the Social Sciences），即社会科学统计软件包。由于用户早已不限于社会科学界，2000 年根据其缩写 "SPSS"，将其全称改为："Statistical Product and Service Solutions"，避免只局限于 "社会科学"。1968 年，美国斯坦福大学的 3 位研究生开发出最早的 SPSS 软件，当时主要面向中小型计算机和企业用户，产品统称 SPSS。1975 年，在芝加哥成立了 SPSS 公司。1984 年，SPSS 公司首先推出了世界上第一个可以在 DOS 上运行的统计分析软件的 PC 版本，即 SPSS/PC＋版。后来又相继推出了 Windows 和 Mac OS X 等操作系统上的版本，并不断扩展软件的功能及相关服务，形成了后来 SPSS 的基本面貌。2008 年 9 月 15 日，SPSS 17.0 for Windows 版发布。

2009 SPSS 软件更名为 PASW（Predictive Analytics SoftWare）18.0[1]。然后 2010 年，随着 SPSS 公司被 IBM 公司并购，各子产品家族名称前面不再以 PASW 为名，统一修改为加上 IBM SPSS 的字样[2]。为了保持 SPSS 软件版本的连续性，本书将 IBM SPSS 称为 SPSS。

1.2 SPSS 24.0 for Windows 数据编辑器功能简介

针对语言研究者的特点和需要，本书与其他介绍统计分析软件书籍的最大不同之处是省去了许多对 SPSS 24.0 的专业技术性描述，如 SPSS 24.0 的特点、SPSS 24.0 for Windows 对环境的要求，SPSS 24.0 for Windows 的安装与设置等，而是直接介绍如何使用该软件进行数据分析。

在进行数据分析之前，我们首先必须了解数据编辑器各窗口的名称及其功能，其截图如下：

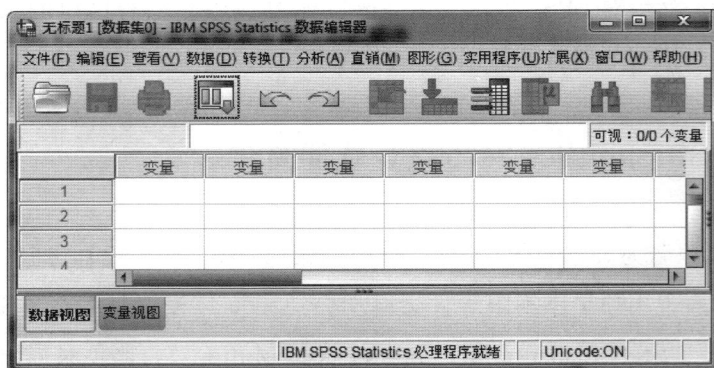

数据编辑器的主要功能是创建和编辑数据文件，其主菜单如图所示，一共有 12 个菜单选项：文件、编辑、查看、数据、转换、分析、直销、图形、实用程序、扩展、窗口和帮助。

---

[1]　http://zh.wikipedia.orgwiki/SPSS，2010 年 7 月 13 日。
[2]　https://www.ibm.com/analytics/cn/zh/technology/spss，2018 年 3 月 8 日。

1. 文件操作的命令:

打开"文件"（File）会显示一系列命令，它们的功能描述如下：

【新建】建立一个新文件；

【打开】打开一个已经建立的文件；

【导入数据】直接读入其他格式的数据文件（Excel，SPSS，Stata，SAS⋯⋯）；

【关闭】关闭该文件；

【保存】存储该文件；

【另存为】用其他名称存储当前文件；

【保存所有数据】存储所有的数据；

【导出】把当前文件存储到其他数据库；

【将文件标记为只读】把当前文件改变为只读文件；

【还原为所保存的文件】还原为所保存的文件；

【重命名数据集】对当前数据集进行重新命名；

【显示数据文件信息】显示指定文件的主要信息；

【缓存数据】创建一个新的缓存数据；

【收集变量信息】从数据文件中收集变量信息；

【停止处理程序】停止处理目前的程序；

【切换服务器】切换服务器的开关；

【存储库】形成一条链接或者发布到网上；

【打印预览】预览当前文件；

【打印】打印当前文件；

【"欢迎"对话框】打开"欢迎"对话框；

【最近使用的数据】检索最近使用的数据；

【最近使用的文件】检索最近使用的文件；

【退出】退出 SPSS。

2. 编辑操作的命令：

打开"编辑"（Edit）后显示的命令以及它们的功能描述如下：

【撤销】撤消上一个操作；

【重做】重新进行上一个操作；

【剪切】把选定的内容剪切到剪切板内；

【复制】把选定的内容复制到剪切板内；

【粘贴】把剪切板的内容粘贴到当前位置；

【粘贴变量】把选定的变量粘贴到选定的列位置；

【清除】清除选定的内容；

【插入变量】在当前位置插入一个新的变量；

【插入个案】在当前位置插入新个案；

【查找】从当前位置寻找指定的数值；

【查找下一个】从当前位置寻找下一个指定的数值；

【替换】用指定的数值替换掉选定的数值；

【搜索数据文件】在数据文件中找一指定的数据；

【转到个案】转到另一指定个案；

【转到变量】转到另一指定变量；

【转到插补】光标移到错误处；

【选项】选择各种系统参数。

3. 查看操作的命令：

打开"查看"（View）后显示的名令和它们的功能描述如下：

【状态栏】显示或消隐状态栏；

【工具栏】显示或消隐工具栏；

【菜单编辑器】使用菜单编辑器定制菜单；

【字体】选择系统字体设置；

【网格线】显示或消隐网格线；

【值标签】显示或隐藏用变量值标签代替变量值；

【标记归因数据】对归因数据进行标记；

【定制变量视图】使用自定义变量视图控制变量视图中显示的属性；

【变量】切换显示文件中的变量或数据。

4. 数据操作的命令：

"数据"（Data）一栏显示的名令以及它们的功能描述如下：

【定义变量属性】改变变量的属性；

【设置测量级别未知的字段的测量级别】设置未知的字段的测量级别；

【复制数据属性】从外部数据文件中选择变量的属性复制到当前文件；文件复制到活动数据集；

【新建定制属性】创建新的既定属性；

【定义日期和时间】定义新日期和时间变量；

【定义多重响应集】定义新的多重响应集；

【验证】简单地识别可疑或无效的观测和变量等；

【标识重复个案】标记出重复个案；

【标识异常个案】标记出异常个案；

【比较数据集】比较数据集；

【个案排序】按升序或降序对个案进行排序；

【变量排序】对活动数据集的变量进行排序；

【转置】将数据进行行列变换；

【跨文件调整字符串宽度】调整不同文件的字符串宽度；

【合并文件】合并数据文件；

【重构】数据的重构；

【倾斜权重】倾斜分配权重；

【倾向得分匹配】实现倾向评分匹配；

【个案控制匹配】利用此功能比较两组中我们关心的暴露因素的比例；

【汇总】将活动数据集中的个案组汇总为单个个案并创建新的汇总文件；

【正交设计】做正交设计；

【拆分为文件】把文件拆分为不同的文件；

【复制数据集】复制一个新的数据集；

【拆分文件】将数据文件分割为单独的组；

【选择个案】选择个案子组或选择个案的随机样本；

【个案加权】给个案加以不同的权重。

5. 转换操作的命令:

"转换"（Transform）一栏显示的命令以及它们的功能描述如下：

【计算变量】计算变量的值；

【可编程性转换】在 SPSS 命令语言的基础上提供与其他编程语言的结合功能；

【对个案中的值进行计数】统计每个个案的变量列表中相同值的出现次数，即频数；

【变动值】依据观测量计算的新变量值；

【重新编码为相同变量】重新分配现有变量的值或将现有值的范围合并为新值；

【重新编码为不同变量】重新分配现有变量的值或将现有值的范围合并为新变量的新值；

【自动重新编码】将字符串值和数值转换为连续整数；

【创建虚变量】生成新的虚变量；

【可视分箱】将新变量创建到数目有限的不同类别中；

【最优分箱】最优离散化；

【准备数据以进行建模】准备建模数据；

【个案排秩】为现有的数值变量创建一个新变量；

【日期和时间向导】执行日期和时间变量关联的许多常见任务；

【创建时间序列】生成时间序列；

【替换缺失值】将缺失值替换为多种方法插补的估计的值之一；

【随机数生成器】选择随机数生成器并设置起始序列值；

【运行暂挂的转换】执行未完成的转换。

6. 分析操作的命令：

"分析"（Analyze）一栏显示的名令以及它们的功能描述如下：

【报告】制作统计报告表；

【描述统计】计算描述性统计量；

【表】设定表格和定义多重相应集；

【比较平均值】均值差异的显著性检验；

【一般线性模型】线性模型，多因素分析等；

【广义线性模型】扩展一般线性模型；

【混合模型】选择定义主体和重复观察值的变量和残差的协方差结构；

【相关】计算各种相关系数；

【回归】建立因变量和一组自变量之间关系的线性和非线性模型的方法；

【对数线性】建立对数线性模型的方法；

【神经网络】运用神经网络法；

【分类】揭示数据集中的自然分组；

【降维】数据降维；

【标度】计算标度众多常用度量，并使用标度寻找个案间距离的测度；

【非参数检验】非参数检验识别单个或更多相关字段间的差别；

【时间序列预测】时间序列预测分析；

【生存分析】生存函数分析过程；

【多重响应】定义多重响应集过程；

【缺失值分析】进行缺失值分析；

【多重插补】多重插补分析；

【复杂抽样】进行复杂抽样分析；

【模拟】用现有的模型文件输入方程创建应用于统计模型的数据；

【质量控制】选择所需图表、控制图、排列图；

【ROC 曲线】评估其分类设计性能；

【空间和时间建模】实现空间和时间建模。

7. 直销操作的命令：

"直销"（Direct marketing）一栏显示的名令以及它们的功能描述如下：
通过各个选择技术进行分析，实现算法的综合使用、参数的设置等。

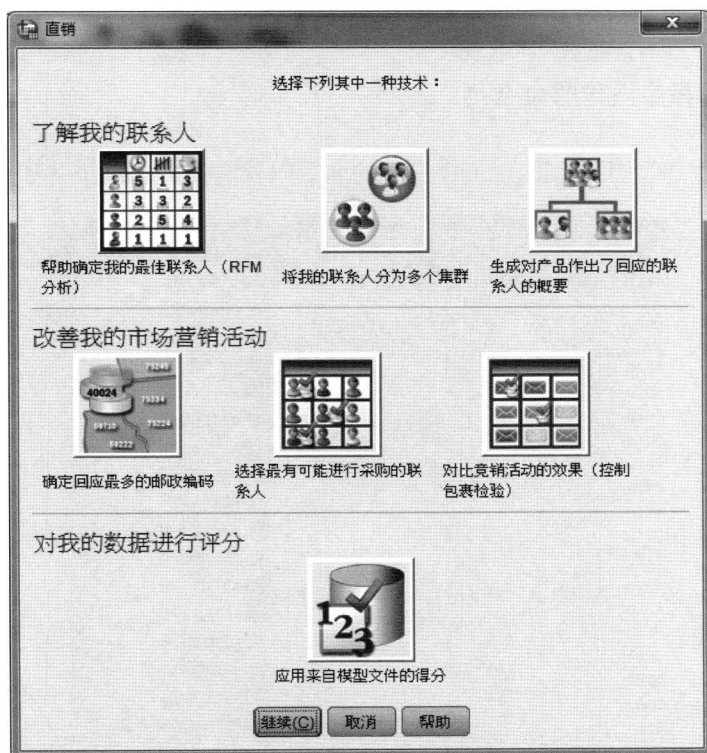

8. 图形操作的命令:

"图形"（Graphs）一栏显示的名令以及它们的功能描述如下:

【图表构建器】使用预定义的图库图表或基本元素进行图表制作;

【图形画板模板选择器】创建图形、画板可视化;

【威布尔图】创建威布尔图;

【比较子组】创建比较子组;

【回归变量图】创建回归变量图;

【旧对话框】以前版本的图形对话框。

9. 实用程序操作的命令:

"实用程序"（Utilities）一栏显示的名令以及它们的功能描述如下:

【变量】显示当前选定变量的定义信息；

【OMS（输出管理系统）控制面板】用不同的格式将选中的输出类别自动写入不同的输出文件；

【OMS（输出管理系统）标识】帮助编写 OMS 命令语法；

【评分向导】使用评分向导将根据一个数据集创建的模型应用到另一个数据集中，并生成得分，例如结果的预测值和/或预测概率；

【合并模型】合并模型 XML；

【使用透视表进行计算】利用透视表进行数据的计算；

【数据文件注释】对数据文件进行描述性注释；

【定义变量宏】定义变量的宏；

【定义变量集】创建要显示在数据编辑器和对话框变量列表中的变量子集；

【检别表】根据用户的要求而审查具体单元格；

【使用变量集】定义变量之后，可以利用这个功能显示变量集中的一个或几个变量；

【显示所有变量】显示文件中所有的变量；

【创建文本输出】创建新的文本输出；

【拼写】拼写检查；

【处理数据文件】选择通配符或文件目录对数据文件进行处理；

【运行脚本】运行指定的脚本；

【生产设施】以自动化方式运行 SPSS 的功能；

【地图转换实用程序】利用这个功能剪辑地图文件。

10. 扩展操作的命令:

"扩展"（Add-ons/Extensions）一栏显示的名令以及它们的功能描述如下：

【扩展中心】连接到 IBM SPSS 扩展中心；

【安装本地扩展束】对已下载的包进行安装；

【用于扩展的定制对话框构建程序】打开或者创新定制对话框；

【实用程序】进行安装，创新或剪辑已安装包。

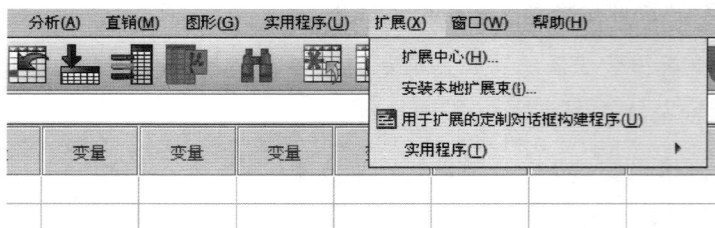

11. 窗口操作的命令:

"窗口"（Window）一栏显示的名令以及它们的功能描述如下：

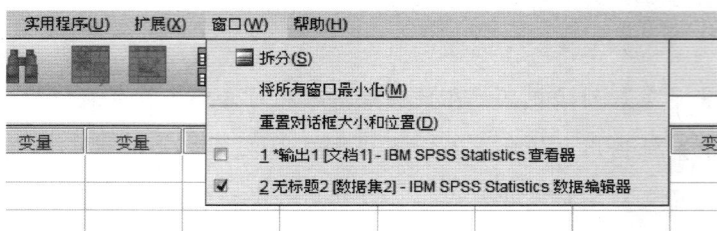

【分拆】把窗口拆分或删除拆分；

【将所有窗口最小化】把全部窗口最小化；

【重置对话框大小和位置】重置对话框大小和位置。

12. 帮助操作的命令:

"帮助"（Help）一栏显示的名令以及它们的功能描述如下：

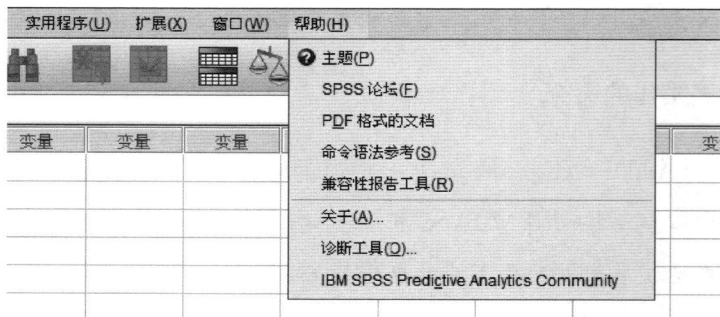

【主题】查找特定的帮助主题；

【SPSS 论坛】打开 SPSS 讨论网站；

【PDF 格式的文档】介绍如何使用 PDF 文件的多种可用功能；

【命令语法参考】介绍指令语法；

【兼容性报告工具】介绍 SPSS 如何采用 R 语言来创建组件；

【关于】关于 SPSS 的版权；

【诊断工具】检查 SPSS 的更新；

【IBM SPSS Predictive Analytics Community】SPSS 的主页。

1.3 打开数据文件或建立一个新的数据文件

当我们开始使用 SPSS 解决统计问题时，我们首先要创建一个新的数据文件或打开以前已经定义的数据文件。要打开一个以前定义的数据文件，我们首先应该执行如下菜单命令：文件→打开→数据。

在"打开数据"对话框中选择一个已经建立的文件，单击按钮"打开"便打开了原来已经建立的数据文件。

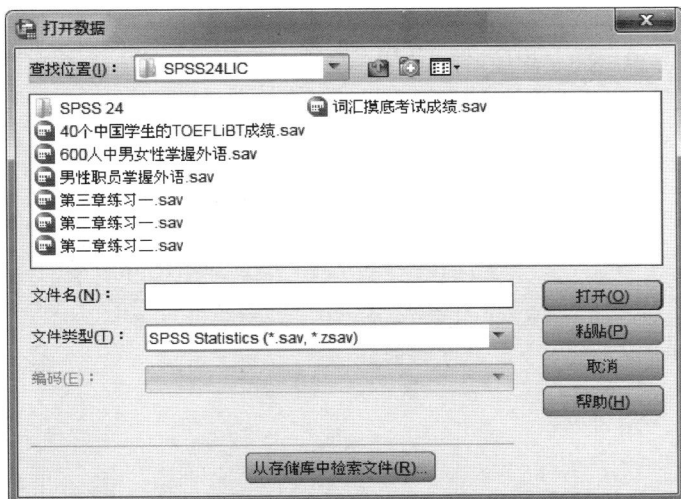

如要建立一个新的数据文件，我们首先应该执行如下菜单命令：

- 打开 SPSS 软件；

- 执行文件/新建/数据命令（Files/New/Data），弹出新的数据编辑窗口；

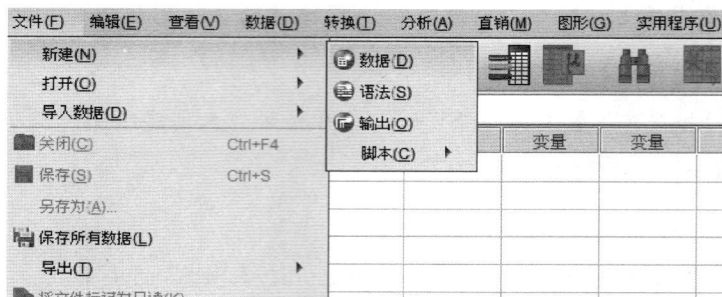

- 单击切换过去变量视图（Variables view 在左下角中，数据视图界面的旁边），然后添加变量的名字；

- 在类型选择中，单击 ⋯ 按钮来选择变量的类型；

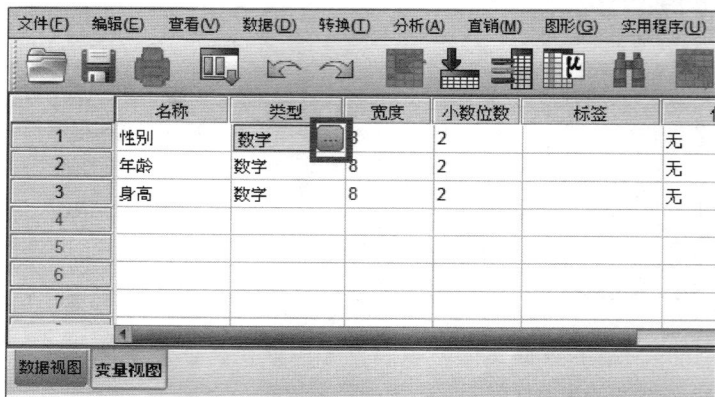

- 变量类型有如下的几种：数字（Numeric），逗号（Comma），点（Dot），科学记数法（Scientific notation），日期（Date），美元（Dollars），定制货币（Custom currency），字符串（Strings），受限数字（Restricted numeric），选好变量类型，单击"确定"；

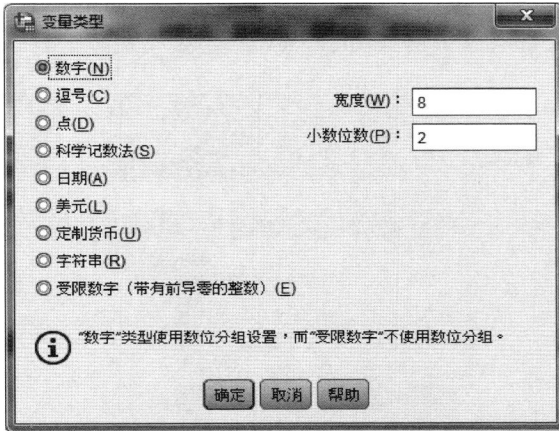

- 单击 ⬚ 按钮，打开值（Values）选择窗口；

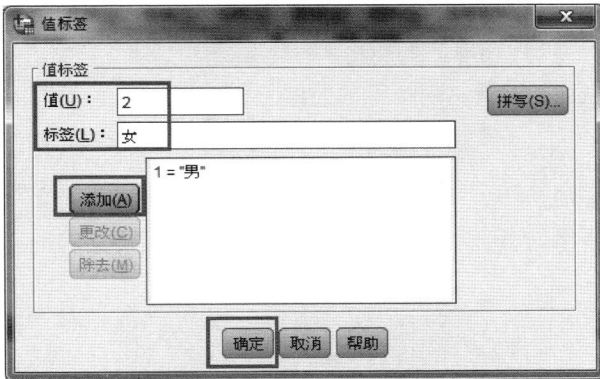

	名称	类型	宽度	小数位数	标签	值
1	性别	数字	8	0		{1, 男}...
2	年龄	数字	8	0		{1, 11-30}...
3	身高	数字	8	0		无
4	名字	字符串	8	0		无
5						

– 单击切换过去数据视图（Data view）再输入数据；

– 单击文件/另存为（File/Save as…）；

- 把文件名填写完再单击"保存"（Save），结果就出来了。

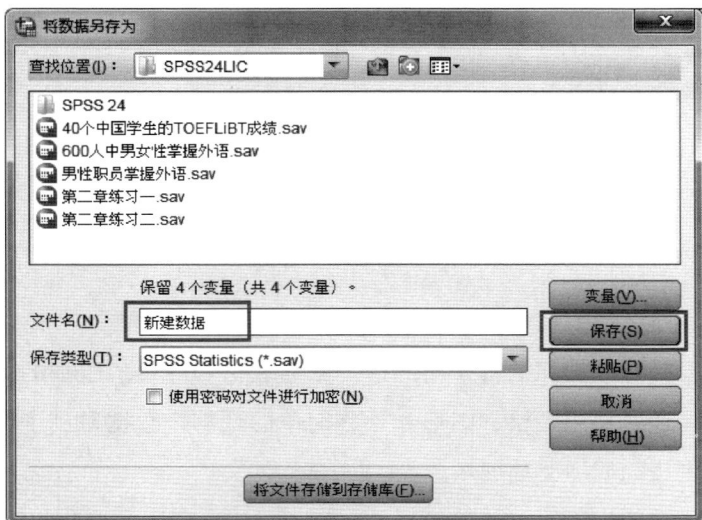

将数据另存为

查找位置(I)：　SPSS24LIC

- SPSS 24
- 40个中国学生的TOEFLiBT成绩.sav
- 600人中男女性掌握外语.sav
- 男性职员掌握外语.sav
- 第二章练习一.sav
- 第二章练习二.sav

保留 4 个变量（共 4 个变量）。

文件名(N)：　新建数据

保存类型(T)：　SPSS Statistics (*.sav)

□ 使用密码对文件进行加密(N)

变量(V)...
保存(S)
粘贴(P)
取消
帮助(H)

将文件存储到存储库(F)...

表格和图形

本章主要描述数据归纳所采用的最常见的表格和图形。所举的例子都与语言研究有关。通过使用表格、图形和一些简单的计算，数据得到了归纳，使其重要特征得到了简明扼要的展示。

2.1 表格和图形的基本概念

数据可分为两种，一种叫分类数据（Categorical data），另一种叫数值数据（Numerical data）（Woods *et al.*，2000）。分类数据是离散数据（Discrete data），指反映事物类别的数据，如人按性别分为男、女两类；劳动按不同性质分体力劳动、脑力劳动；外语水平按不同的掌握程度分高、中、低级。数值数据是连续数据（Continuous data），如一个单词中的字母数；学生在一次托福考试中的分数；采摘季节所摘下的樱桃数等。根据不同类型的数据所列出的表格和制作的图形是不一样的。

在介绍如何制作表格和图形之前，我们首先应该弄清楚频数和频率的概念。频数（Frequency）是事件的实际发生的次数，而频率（Relative frequency），也即比率或百分比，则是每一事件发生的次数与总的次数之比。例如，某个大企业为了引进国外的先进技术，对本企业现有的能熟练掌握一门外语的职员进行了统计，结果如表 2.1：

表 2.1　某企业熟练掌握一门外语的男性职员人数统计表

	英语	日语	俄语	法语	总数
频数	252	54	36	18	360
频率	0.70	0.15	0.10	0.05	1

表 2.1 中的频率也可用百分比的形式写在括号内，如表 2.2 所示：

表 2.2　某企业熟练掌握一门外语的男性职员人数统计表

	英语	日语	俄语	法语	总数
频数/频率	252(70％)	54(15％)	36(10％)	18(5％)	360(100％)

如果将女职员掌握外语的情况也加入表 2.2，可制成表 2.3：

表 2.3　某企业熟练掌握一门外语的男、女职员人数比较表

	英语	日语	俄语	法语	总数
男性	252(70％)	54(15％)	36(10％)	18(5％)	360(100％)
女性	156(65％)	36(15％)	24(10％)	24(10％)	240(100％)
总数	408(68％)	90(15％)	60(10％)	42(7％)	600(100％)

注：括号内的数字为频率，以百分比表示。

表 2.3 显示，男性掌握英语的比例高于女性，而女性掌握法语的比例要高于男性。表中的最后一行为男、女掌握外语总数。也即男、女总数掌握外语的频数与频率。

根据收集到的基本数据，还可将男、女掌握外语的情况按语言种类来划分，计算出每一种语言中男、女各占的比例，制成表 2.4。

表 2.4　不同语言男女掌握外语情况人数比较表

	英语	日语	俄语	法语	总数
男性	252(62％)	54(60％)	36(60％)	18(43％)	360(60％)
女性	156(38％)	36(40％)	24(40％)	24(57％)	240(40％)
总数	408(100％)	90(100％)	60(100％)	42(100％)	600(100％)

此外，还可计算出各性别和不同语言在总数 600 人中所占的比例，并制成表 2.5：

表 2.5　男女掌握外语比例表

	英语	日语	俄语	法语	总数
男性	252(42%)	54(9%)	36(6%)	18(3%)	360(60%)
女性	156(26%)	36(6%)	24(4%)	24(4%)	240(40%)
总数	408(68%)	90(15%)	60(10%)	42(7%)	600(100%)

那么，上述几种表哪一种合适呢？这就要根据该企业统计的需求来决定。

如果我们收集到的数据不是分类数据，而是连续的数量数据，我们则要将这些数据分组，然后制作出频率分布表。下面（表 2.6）是某大学与美国一所大学合作办学学生的 TOEFLiBT 成绩：

表 2.6　40 个中国学生的 TOEFLiBT 成绩

80	90	92	83	84	93	94	85	94	92
95	97	82	84	89	90	87	96	95	90
83	86	87	88	90	89	86	90	94	93
98	93	90	99	98	93	92	87	101	103

其频率分布表的制作步骤如下：

1）计算全距，即最大值减去最小值：$103-80=23$。

2）确定组数，计算组距（Class interval）。一般为 $8\sim15$ 组，假设我们确定为 $n=8$ 组，那么组距 CI 为：

$$CI=\frac{103-80}{8}=2.88$$

也即按成绩的高低分成 8 组，每组组距为 3 分。

3）计算每组的频数，即每组的分数的个数；频率，也就是每组中的频数除以分数的总个数 40 所得的值；累积频数（Cumulative frequencies），也即某一组的频数加上它上面各组频数之总和；以及累积频率（Relative cumulative frequencies），某一组的频率加上它上面各组频率之总和。最后制成的频率分布表如表 2.7：

表 2.7　40 个中国学生的 TOEFLiBT 成绩频率分布表

间距	频数	频率	累积频数	累积频率
80～82	2	0.05	2	0.05
83～85	5	0.125	7	0.175
86～88	6	0.15	13	0.325
89～91	8	0.20	21	0.525
92～94	10	0.25	31	0.775
95～97	4	0.10	35	0.875
98～100	3	0.075	38	0.95
101～103	2	0.05	40	1
总和	40	1		

2.2　图形的制作

本部分主要介绍条形图、直方图和累积频率曲线图的制作。

2.2.1　条形图（Bar chart）

根据表 2.1 的频数和频率我们可以制作出 360 名男性职员掌握外语的条形图。

1）打开 SPSS 软件，输入数据。

2）执行图形（Graphs）→旧对话框（Legacy dialogs）→条形图（Bar chart）命令，弹出条形图对话框。

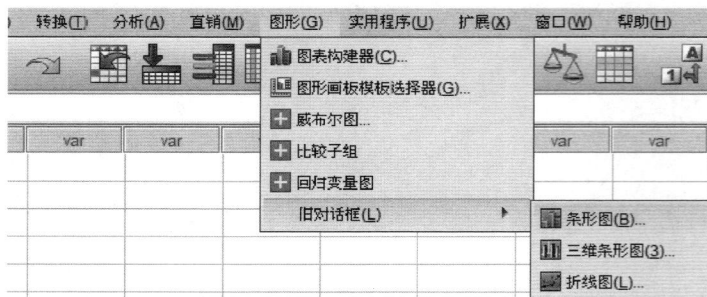

3）条形图选择窗口出现，可以看出三种类型的条形图和三种条形图中数据的表达方式如下：

➤ 条形图类型：

- 简单（Simple）：各个条形互相独立；
- 簇状（Clustered）：此分组条形图（复式直条图）用于表示每个组的两个或多个指标，以方便进行组间比较；
- 堆积（Stacked）：该分段条形图用于表示某个变量的内部构成情况。

根据表 2.1 的数据，进行创建简单条形图。在条形图对话框中选择简单（Simple）类型。

➤ 图中数据的表达方式：

- 个案组摘要（Summaries for groups of cases）：对某一个变量的多个取值分别进行汇总统计。

- 单独变量的摘要（Summaries for groups of variables）：对多个变量各自进行汇总；

- 单个个案的值（Values of individual cases）：对每条记录分别进行绘制条图、线图、面积图。

根据表 2.1 的数据，在条形图对话框中选择个案组摘要，然后单击"定义"（Define）。

4）单击定义按钮后，定义简单条形图：个案组摘要窗口（Define simple bar：Summaries for groups of cases）出现。该窗口中的选项解释如下：

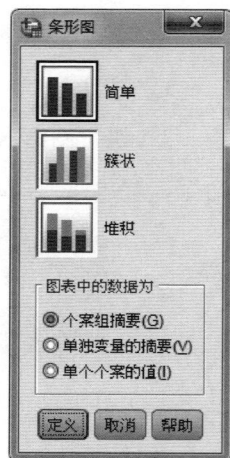

> 条形表示：

 － 个案数（N of cases）：表示观测量计数；

 － 个案百分比（% of cases）：表示观测量占总数的百分比；

 － 累计个案数（Cum. N）：表示累积频数；

 － 累计百分比（Cum. %）：表示累积百分比；

 － 其他统计（例如均值）〔Other statistics（e. g. mean）〕个案。

为了用条形图来表示 360 名男性职员掌握外语的频数，单击个案数（N of cases），为了用条形图来表示 360 名男性职员掌握外语的频率，单击个案百分比（% of cases），在"类别轴"（Category axis）中选择"外语"，然后单击确定按钮，条形图就做好了。

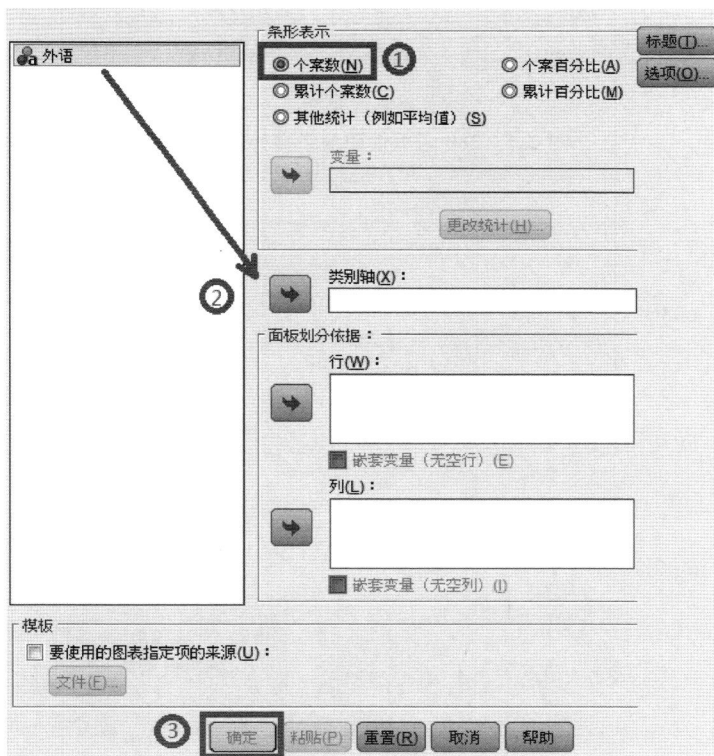

结果如下（图 2.1 和 2.2）：

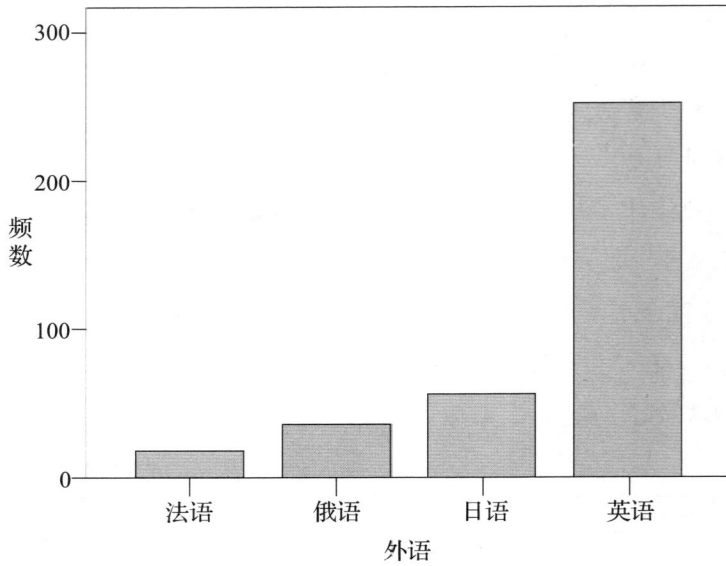

图 2.1　360 名男性职员掌握外语的频数

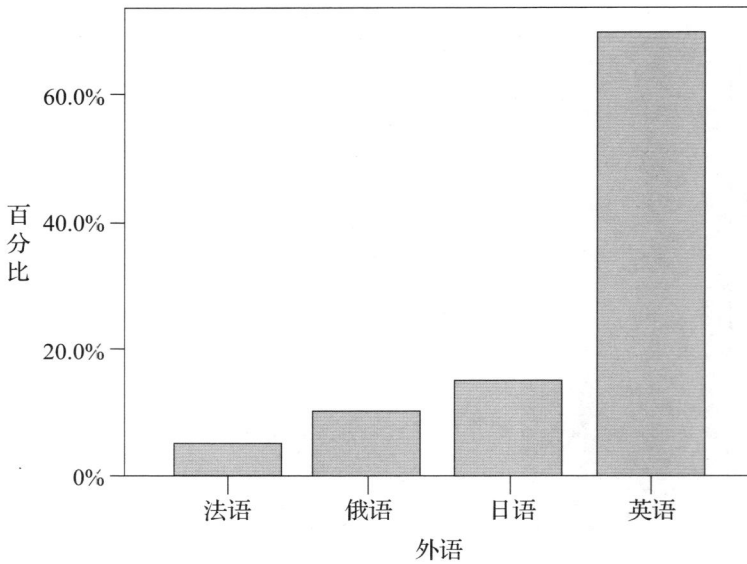

图 2.2　360 名男性职员掌握外语的频率

从图 2.1 和 2.2 可以看出，它们的形状完全一样①，只是纵坐标的标度不一样。此外，由于语言种类没有先后秩序之分，我们习惯上把最高的一栏放到了最后。

根据表 2.5 我们可以制作出 600 人中男、女性掌握外语频率对比的条形图。

1）打开 SPSS 软件，输入数据。

2）执行图形（Graphs）→旧对话框（Legacy dialogs）→条形图（Bar chart）命令，弹出条形图对话框。

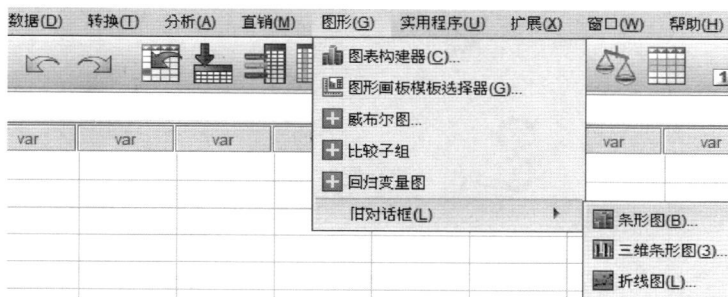

3）在条形图选择窗口中，单击簇状（Clustered）与个案组摘要（Summaries for groups of cases），然后单击定义（Define）。

4）定义簇状条形图：个案组摘要选择窗口出现，选项如下：

－条形表示：选个案百分比；

_____

① 请读者想一想这是为什么。

- 类别轴（Category axis）：选"性别"；
- 聚类定义依据（Define clusters by）：选"外语"，最后单击"确定"，条形图就做好了。

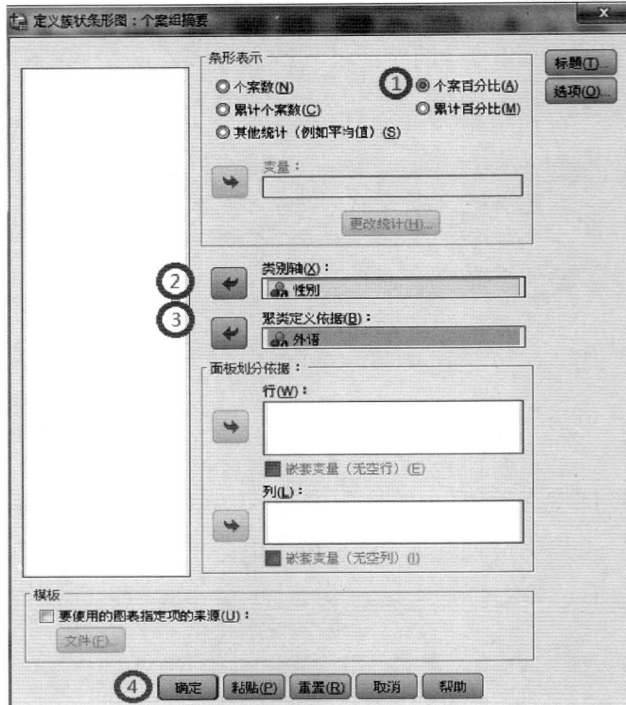

结果如下（图2.3）：

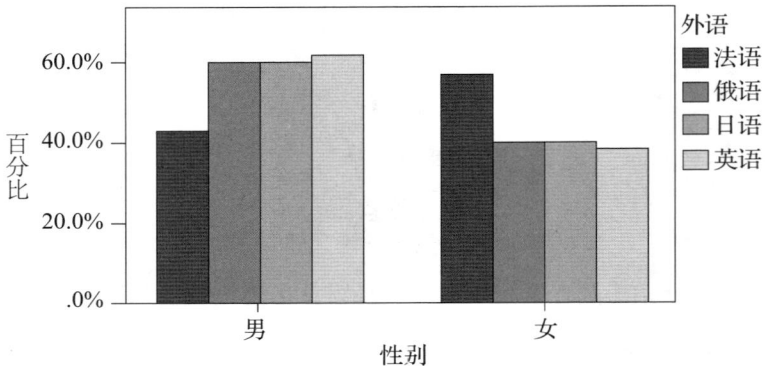

图 2.3   不同性别掌握外语频率对比

2.2.2　直方图（Histogram）

根据表 2.7 我们可以制成 40 个中国学生的 TOEFLiBT 成绩频率分布直方图。

1）打开 SPSS 软件，输入数据。

2）执行图形（Graphs）→ 旧对话框（Legacy dialogs）→ 直方图（Histogram）命令，弹出直方图对话框：

3）直方图选择窗口出现时，在"变量"中选择 TOEFLiBT 成绩，为了在图中显示正态分布曲线，再选择显示正态曲线（Display normal curve），然后单击"确定"，直方图就做好了，如图 2.4。

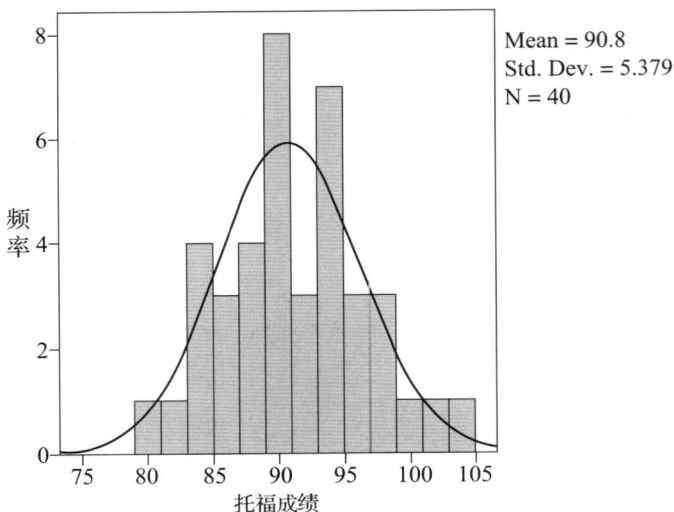

图 2.4　40 个中国学生的 TOEFLiBT 成绩频率分布直方图

与图 2.1 对比，我们可以看出：条形图的各矩形是分开排列的，而直方图的各矩形却是连续排列的。此外，显然这 40 个学生的成绩未成正态分布。

2.2.3　累积频率曲线图（Cumulative frequency curve）

根据表 2.7 我们还可以制成 40 个中国学生的 TOEFLiBT 成绩的累积频率曲线图。

1）打开 SPSS 软件，输入数据。

2）执行图形（Graphs）→旧对话框（Legacy dialogs）→线图（Line）命令，弹出直方图对话框：

3）在线图选择窗口中，单击简单（Simple）与个案组摘要（Summaries for groups of cases），然后单击定义（Define）。

4）定义简单线图：个案组摘要选择窗口出现。选项如下：

— 线的表征：选累积百分比；

— 类别轴（Category axis）：选"托福成绩"；

— 最后单击"确定"，累积频率线图就做好了。

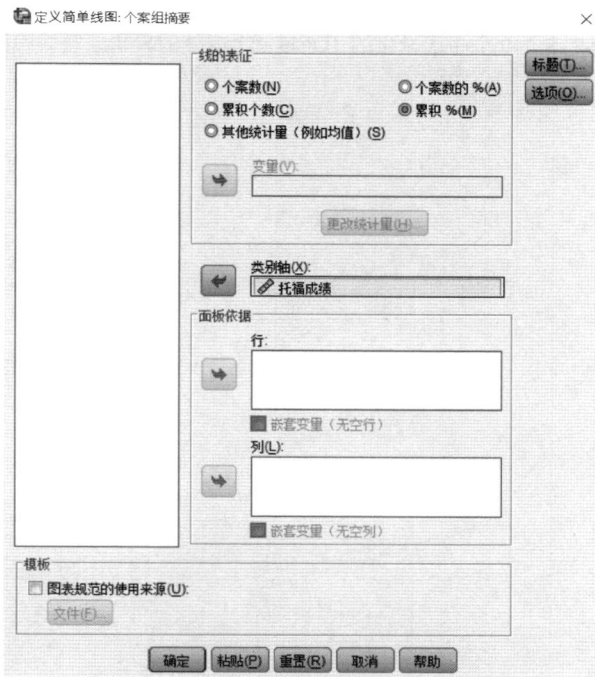

结果如下（图 2.5）：

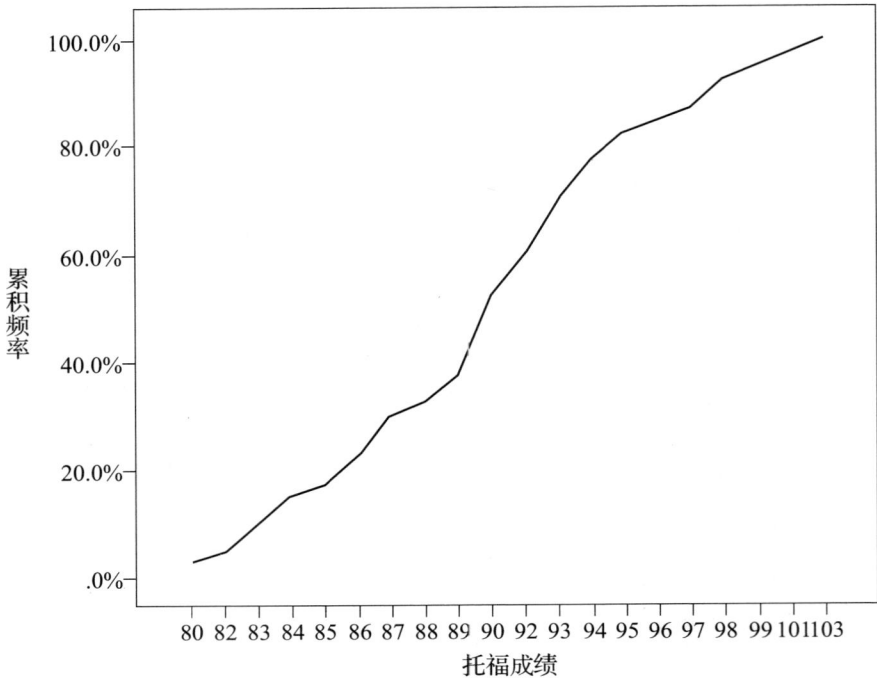

图 2.5　40 个中国学生的 TOEFLiBT 成绩的累积频率曲线图

1. 某大学应部分同学的要求，举办了周末雅思班，其报名统计数据如下：

   大一报名总数 16 人，其中女生 9 人；

   大二报名总数 26 人，其中女生 16 人；

   大三报名总数 30 人，其中女生 12 人；

   大四报名总数 28 人，其中女生 16 人。

   1）参考表 2.5 制作一个不同性别和年级在总数 100 人中所占的频数/频率表；

   2）参考图 2.3 制作 100 人中男、女报名人数频率对比条形图。

2. 下表是某专业 60 个学生四级考试成绩：

415	495	500	490	440	487	450	600	570	580
520	498	530	493	540	560	486	580	590	500
535	490	420	430	460	470	500	510	480	490
545	555	550	560	533	534	525	512	473	560
525	553	535	613	453	490	537	445	465	511
465	532	473	505	508	552	515	496	528	530

   1）参考表 2.7 制作出 60 个学生四级考试成绩频率分布表；

   2）参考图 2.4 制作出 60 个学生四级考试成绩频率分布直方图；

   3）参考图 2.5 制作出 60 个学生四级考试成绩累积频率曲线。

第 3 章

SPSS 24.0 描述性统计分析

尽管前面一章所阐述的表格和图形可以起到归纳数据和表示数据特征的作用，但表格和图形在这两方面却都具有一定的局限性。这是因为有时候我们可以用语言轻松、简要地谈论一组数据，而图表所包含的信息却很难用语言来表达。此外，我们也许要对各组数据进行比较，找出它们的相似之处或不同之处，图表却不便于比较（Woods et al.，2000）。而描述性统计分析可以解决上述问题，同时其作用还在于"把零散的、无序的、原始的统计数据经过系统科学方法整理、组合、分类等处理，得到统计信息"（孙艳玲等，2010：87）。事实上，描述性统计分析是统计分析的基础，是统计推理的前提，它被广泛应用于社会科学、自然科学和工程技术科学领域。

3.1 描述性统计分析在语言研究中应用的普遍性

描述性统计分析也被广泛应用于语言研究，尤其是外语教学研究中。例如，针对 Foster（1998）得出的课堂环境中意义沟通（Negotiation of meaning）的发生率比实验环境中低的结论，Gass et al.（2005）采用实验对比的方法在西班牙语作为外语的大学自然班里对下列两个问题进行了研究：

（1）任务型的交流互动在课堂环境与实验环境中会有何不同？

（2）不同类型的任务是如何影响课堂环境和实验环境中的交流互动的？

下面是对该项研究所收集到的数据进行处理后得出的描述性统计量（表3.1）：

表 3.1   **Descriptive statistics for negotiation of meaning by task**

				95% Confidence Interval	
	Setting	Mean	Standard deviation	Lower bound	Upper bound
Picture	Classroom	7.09	3.91	5.03	9.15
Different tasks			(2~14)		
	Laboratory	8.53	5.78	6.04	11.02
			(3~24)		
Consensus task	Classroom	1.36	1.25	0.85	1.88
			(0~3)		
	Laboratory	1.07	1.10	0.44	1.69
			(0~4)		
Map task	Classroom	8.23	4.61	6.17	10.29
			(2~16)		
	Laboratory	9.00	4.98	6.50	11.50
			(1~18)		

Note：Numbers in parentheses indicate the range per task

数据来源：（Gass，Mackey & Ross-Feldman，2005：589）。

从上述描性统计数据来看，Gass 等研究者除列出了上限、下限以外，还列出了均值（Mean）和标准差（Standard deviation）。这是任何实证研究论文首先要交待的内容。

又如，Erlam（2003）采用实验对比的手段，对法语作为第二语言的演绎教学法和归纳教学法的教学效果进行了比较，实验结果分析的第一步就是给出描述性统计量：

表 3.2 的描述性统计量是演绎组、归纳组和控制组的听力和阅读理解能力测试的数据，包括平均分、标准差和每班的人数等。

此外，黄晓玉等（2010）采用实验与问卷调查相结合的定量研究方法，对图式理论在大学英语阅读教学中的运用效果进行了研究。在进行 t 检验时，首先给出了描述性统计数据，即均值与标准差，如表 3.3 与 3.4：

表3.2 Descriptive statistics and effect sizes for comprehension tests

Group	Deductive Group				Inductive Group				Control Group		
Test	M	SD	N	D	M	SD	N	D	M	SD	N
Listening (Max=/10)											
Pre	2.86	1.88	21	−0.12	2.64	1.00	22	−0.32	3.08	1.72	26
Post 1	4.76	2.19	21	1.11	3.14	1.78	22	0.15	2.92	1.23	26
Post 2	3.67	1.83	21	0.58	3.09	1.54	22	0.24	2.73	1.48	26
Reading (Max=/10)											
Pre	3.43	1.54	21	−0.10	3.45	1.74	22	−0.08	3.58	1.45	26
Post 1	4.19	1.81	21	0.67	3.14	1.39	22	0.04	3.08	1.57	26
Post 2	3.76	1.64	21	0.13	3.05	3.58	22	−0.76	3.58	1.21	26

数据来源：Erlam（2003：250）。

表 3.3　实验组与控制组阅读能力前测结果

	人数	平均分	标准差	显著性	t 值
实验组	31	26.24	6.87	0.31	0.096
控制组	31	26.06	7.64		

数据来源：（黄晓玉等，2010：96）

表 3.4　实验组与控制组阅读能力后测结果

	人数	平均分	标准差	显著性	t 值
实验组	31	29.97	6.03	0.11	2.20
控制组	31	26.17	7.46		

数据来源：（黄晓玉等，2010：96）

　　总之，翻开语言学研究，尤其是应用语言学研究的一篇学术论文，在讨论研究结果时，一般首先都会看到类似于上述列出的描述性统计数据的表格。这类表格一般都会列出样本数据两方面的分析结果，一是集中趋势（Central tendency），二是离散趋势（Dispersion）。以下我们详细地讨论这两个问题。

3.2　描述性统计分析的基本概念

　　这一节我们重点介绍描述性统计分析中的集中趋势和离散趋势。

3.2.1　集中趋势：平均数、中数、众数

　　集中趋势是指某一组数据向中心值接近的程度，它反映了该组数据中心点的位置所在。描述集中趋势的指标主要有平均数（Mean）、中位数（Median）和众数（Mode）。

　　平均数也叫算术平均数（Arithmetic mean），其计算方法非常简单，就是将所有数据相加，再除以数据的个数。用公式表示为：

$$\overline{X} = \frac{1}{n} \sum X$$

其中 $\overline{X}$ 为均值（读作 X bar），X 为各数据，$\sum$ 是连加符号，n 是数据的个数。

例如：我们对某大学某班大一 30 名学生进行词汇摸底测量，他们 40 个词汇题的分数如下（表 3.5）：

表 3.5

24	28	25	32	36	30	33	34	37	29
31	38	31	28	20	26	27	31	31	32
30	29	28	26	25	31	30	29	27	26

根据上述计算公式，该班的平均分数为：

$$\overline{X} = \frac{1}{30}\ (24+28+\cdots+27+26) = 29.47$$

中数也叫中位数，是位于一组数据中间的那个数。如有这么一列数：

3，5，7，9，11

位于这组数据中间的数是 7，因此中位数就是 7。但如果一组数据的个数不是奇数，而是偶数，如上述 30 名学生的分数，那么就应将中间两位数相加再除以 2，才能获得这组数据的中位数。首先，我们将这组数据按从小到大的顺序进行排列：

20 24 25 25 26 26 26 27 27 28 28 28 29 29 29 30 30 30 31 31 31 31 31 32 32 33 34 36 37 38

然后从左数 14 个数，从右也数 14 个数，那么得出 29 和 30 两个数，再将这两位数相加除以 2，即（29+30）÷2＝29.5。因此，这组数据的中位数是 29.5，与上述算出的平均数非常接近。但由于要对数据进行排列才能找出中位数，所以这种方法比较麻烦。当然，如果采用 SPSS 软件，过程就非常简单了。

众数就是一组数据中出现次数最多的那个数值。如在上述 30 名学生的分数中，31 这个数值出现了 5 次，是出现频率最高的数值，因此 31 就是该组数据的众数。

3.2.2　离散趋势：全距、四分位区间距、方差、标准差

如果说集中趋势描述的是一组数据向中心值接近的程度，那么离散趋势则是指某一组数据远离中心值的程度。尽管集中量数能够反映一组数据的特征，但仅靠集中量数来描述数据是不够的。例如，有两个英语学习小组期末考试成

绩都不错，平均成绩都达到了 82 分，因此受到了老师的表扬。其成绩如下：

    A 组：82 84 80 81 83 79 85 82

    B 组：64 72 70 81 93 89 92 95

然而，殊不知这两组学生的成绩却存在着差异性。A 组的学生比 B 组的学生成绩更均匀（Homogeneous），每个学生的成绩与均值 82 分非常接近，而 B 组的学生的成绩则更分散、更混杂（Heterogeneous），有的低于平均分很多，有的高于平均分很多。因此，在描述一组数据时，我们不仅要考虑集中趋势，也要考虑离散趋势，这样才能比较全面地反映一组数据的本质特征。

描述离散趋势的指标主要有全距（Range）、四分位区间距（Interquartile range）、方差（Variance）和标准差（Standard deviation）。全距表示一组数据按从小到大的方式排列后，最小的数值与最大的数值之间的跨度。因此全距的计算非常简单，就是将最大的数值减去最小的数值。例如上述 A 组的全距是 85 −79＝6；B 组的全距则为 95－64＝31。显然，B 组的全距比 A 组的大得多，说明 A 组的数据比较集中，而 B 组的数据比较分散。这与我们刚才分析的情况是一致的。

四分位区间距也可描述数据的离散程度，即将全部数据从小到大排列，然后分成相等的 4 个组，排列在前 1/4 位置上的数就叫做第一个四分位（the first quartile），也就是 25％位置上的数。排在后 3/4 位置上的数就叫第三个四分位（the third quartile），也就是 75％位置上的数。前面讲到的中位数正好排在中间，也叫做第二个四分位，毋庸置疑是在 50％的位置上。四分位区间距就是指前后四分位数之间的差值。

方差和标准差是测量离散趋势最重要而且最常用的指标。一组数据中的各个数值与其均值的差的平方和的均值叫做样本方差，方差的算术平方根叫做样本标准差。以上述 A 组数据为例。如果我们将每个分数减去均值 82，我们便分别得到：

    0，+2，−2，−1，+1，−3，+3，0

从理论上讲，如果我们将这组新的数据相加再除以 8，我们便可以得知这组数据偏离均值的平均差。而实际上，当我们将这组数据相加的时候，我们会发现：这些数据会相互抵消为零。因此，平均差也就无从算起。但是，如果我们将每一个数据平方，再平均，就不会出现正负抵消的情况。如：

$$\frac{0 + 2^2 + (-2)^2 + (-1)^2 + 1^2 + (-3)^2 + 3^2 + 0}{8 - 1} = 4$$

这就叫方差。由此，我们推出方差的公式：

$$V = \frac{\sum(X - \overline{X})^2}{n - 1}$$

将方差公式开方，便得到标准差。其公式如下：

$$s = \sqrt{\frac{\sum(X - \overline{X})^2}{n - 1}}$$

上述三个公式都是以 $n-1$ 当除数，而不用 n，这是因为我们一般收集到的是样本数据，而不是总体数据（事实上总体数据是很难或者是根本收集不到的）。采用 $n-1$ 可获得无偏估计。但如果样本量非常大，采用 n 还是 $n-1$，结果几乎没有什么差别。韩宝成（2000：27）指出："方差与标准差具有反应灵敏、计算严密、受抽样变动的影响小等特点。在统计实践中，人们常常用它与均值一起描述一组数据的全貌。"

有了均值和标准差，我们还可计算标准分。标准差的一个主要应用就是在所谓的标准化过程中对任何一组有顺序的数据进行标准化，而语言研究中的标准化就是使考试分数便于比较（Woods *et al.*，2000：43）。

3.3 SPSS 描述性统计分析举例

我们姑且将 3.2.1 小节中 30 个学生所在的班级称为一班，下面一个班为二班。两个班的成绩分别如表 3.6 和表 3.7：

表 3.6 一班词汇摸底考试成绩

24	28	25	32	36	30	33	34	37	29
31	38	31	28	20	26	27	31	31	32
30	29	28	26	25	31	30	29	27	26

表 3.7　二班词汇摸底考试成绩

19	27	28	22	30	22	32	23	38	25
26	20	36	29	22	31	23	33	34	34
34	34	34	21	36	37	37	24	38	39

将上述两个班的词汇摸底成绩输入 SPSS 软件中，我们会很快得到所需的描述性统计数据，具体操作步骤如下：

－ 打开 SPSS 软件，输入数据。

－ 执行分析/描述统计/频率（Analyze/Descriptive statistics/Frequency）命令，弹出频率选择窗口。

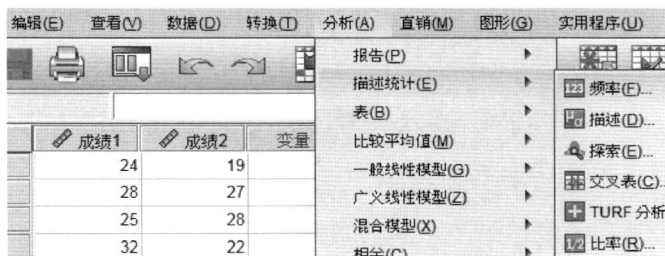

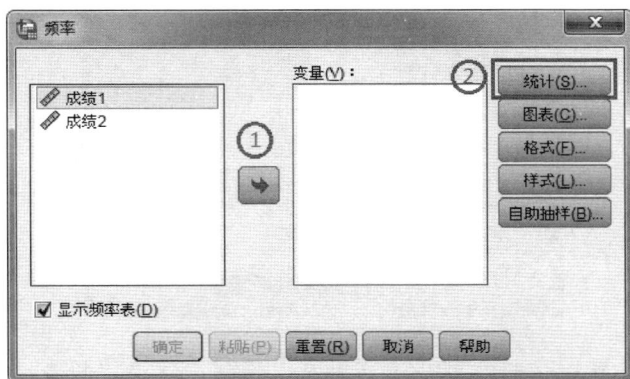

－ 在频率对话框的左侧将"成绩 1"和"成绩 2"这两个变量添加到右侧的变量列表，添加变量后再单击"统计"（Statistics）弹出"频数：统计"对话框（Frequencies：Statistics）。

－ 在该选择窗口中进行设置统计量。

- 百分位值（Percentile values）选项有 3 个复选框，包括：四分位数（Quartiles），分割点/分断点（Cut points for）和百分位数（Percentiles）。
- 离散（Dispersion）选项中包括 6 个复选框：标准差（Std Deviation），方差（Variance），范围（Range），最小值（Minimum），最大值（Maximum），标准误差均值（Std. E. mean）。
- 集中趋势（Central tendency）选项有 4 个复选框：均值（Mean），中位数（Medium），众数（Mode），总和（Sum）。
- 值为组的点（Values are group midpoints）。
- 分布（Distribution）选项有 2 个选择：偏度（Skewness）和峰度（Kurtosis）。

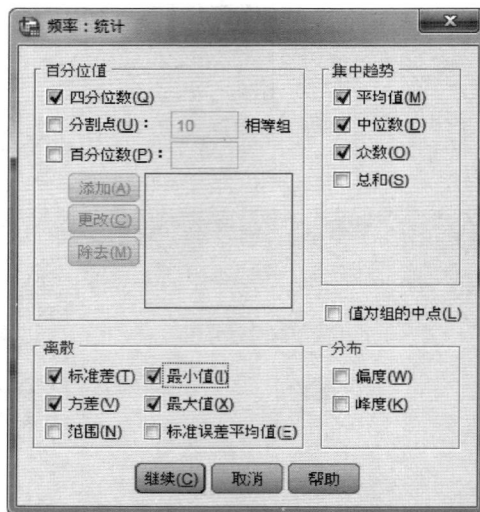

- 如果要设置图表的话可单击"图表"按钮，弹出"频率：图表"对话框（Frequencies：charts）。
  - 图表类型（Chart type）包括 4 种选择：无（None），条形图（Bar charts），饼图（Pie charts）和直方图（Histogram）。
  - 图表值（Chart value）有 2 种选择：频率（Frequencies）或百分比（Percentages）。

● 选完后单击"继续"（Continue）：

－ 如果要设置格式，可单击"格式"（Format）弹出"频率：格式"对话框。选择窗口中有排序方式（Order by，表示按指定次序排序）和多个变量（Multiple variables）。

－ 最后回到频率对话框，先单击"显示频率表"（Display frequency tables）再选"确定"按钮就完成了。

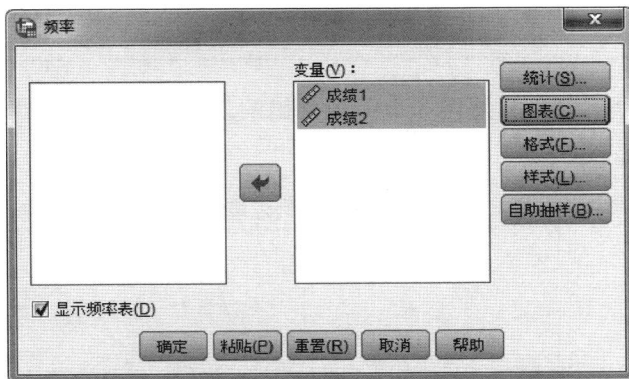

结果如下：

SPSS 软件计算结果

		成绩 1	成绩 2
个案数	有效	30	30
	缺失	0	0
均值		29.47	29.60
均值标准误差		.716	1.150
中位数		29.50	30.50
众数		31	34
标准差		3.919	6.301
方差		15.361	39.697
偏度		.099	−.164
偏度标准误差		.427	.427
峰度		.487	−1.421
峰度标准误差		.833	.833
范围		18	20
最小值		20	19
最大值		38	39
百分位数	25	26.75	23.00
	50	29.50	30.50
	75	31.25	34.50

　　一般情况下，我们只要像 3.1 节中列出的表格那样列出样本数、均值和标准差就行了。如表 3.8：

表 3.8　某大学大一两个班学生词汇摸底考试描述性数据表

	人数	均值	标准差
一班	30	29.47	3.919
二班	30	29.60	6.301

　　从上述表格可以看出两个班都有 30 人，但是二班的考试成绩平均分比一班稍高一点，而一班成绩的标准差比二班的小，说明一班学生成绩的离散程度比二班小。也就是说，一班的成绩相对集中，或比较均衡。而二班的成绩相对分散，有的学生成绩很高，有的学生成绩却很低。

1. 以下是某大学中美合作办学项目 06 级学生的 TOEFL iBT 考试成绩：

82	76	98	80	96	93	90	71	86	80
81	85	98	90	81	84	91	94	83	92
99	93	85	79	99	91	82	70		

请采用 SPSS 软件，计算出该班学生的人数、平均分和标准差。

2. 以下是上题中的大学中美合作办学项目 07 级学生的 TOEFL iBT 考试成绩：

73	85	85	58	65	78	83	92	93	63
54	93	82	95	80	81	83	89	97	90
90	91	75	93	85	90	70	80	103	80
96	104								

请采用 SPSS 软件，计算出 07 级学生的人数、平均分和标准差。

3. 请参照 3.1 中的表格列出一个表，将上述两道题中 06 级、07 级学生的描述性统计数据列出，并进行数据分析比较。

第 4 章

统计推断与概率原理

前一章我们在谈描述性统计分析时所涉及的只是一组数据，事实上，仅仅获取一组数据的统计量还不够，我们往往还需要通过这一组数据，即样本（Sample）的统计量对更大的群体，即总体（Population）进行统计推理。要了解这一过程，我们必须弄清楚总体与样本的概念、抽样的方法和概率原理。本章着重讨论这几个问题。

4.1 总体与样本

总体（Population）就是研究对象的全体，而从总体中抽出来的数量有限的那部分研究对象叫做样本（Sample）（林连书，2001：22）。例如，有人说高中毕业生的英语平均词汇量是 2 000 个左右。这个数据是怎么得来的？显然，由于时间、人力和物力的限制，我们不可能对全国的每一位高中毕业生进行统计以获取总体参数。我们只能从中抽取一部分高中毕业生来统计，以获得样本的统计数据。但是，由于地区与地区之间、学校与学校之间，乃至同一个学校的不同班级之间是有差别的，因此最科学的方法就是在全国范围内进行随机抽样（Random sampling），这样获取的样本才具有代表性（Representativeness），才能从样本词汇量的分布状况推断出总体的词汇量的分布状况。当然，在语言研究的实际中，要做到随机抽样不是一件很容易的事。从国外语言和语言教学的研究来看，有些随机抽样的范围并不是全国性的，而是某个地区甚至是更小的区域，这也是可以的。只不过研究得出的结果就只能推广（Generalize）于这些范围之内。

又如，在多年的英语教学中，本书的一位作者（Huang，2009）发现英语发音好的学生听力理解能力也相对比较强，而发音不好的学生听力一般都比较弱。于是，该作者推测：是不是发音不好的学生在听到跟自己一样错误的发音时反应很快，而听到正确的发音时反倒听不懂了呢？也就是说，英语语音与听力之间是否存在着相关性？要验证这个假设，首先必须根据研究的目的确定目标总体（Target population），即研究对象的全体。学英语的人很多，有小学生、中学生、大学生或其他群体。作者研究的是大学生这个总体[①]。如果对全国的大学生进行随机抽样，样本就比较有代表性，就可以从样本中学生语音与听力之间的相关性推知总体中所有大学生语音与听力之间的相关性。如果是对北京地区的大学生进行随机抽样，就只能代表北京地区，对全国而言，代表性就不那么强，因此，得出的结果就只能推广到北京地区。

再如，Collins 和她的团队（Collins *et al.*，2009）根据加拿大魁北克 6 年级法裔英语学习者的精读课堂输入材料（110 000 字的语料），考察了突出性（Saliency）因素在语言输入和习得效果之间所起的作用。尽管这 110 000 字的语料是 3 个 6 年级班 40 个课时的录音，但相对 400 个总课时的录音（总体）而言，它就是个样本。当然，为了增加随机性，他们总共录制了四次，即每 100 课时录制一次，每次 10 个课时。

随机抽样是为了使样本具有代表性，而要做到具有代表性，样本的大小（Sample size）也不能忽视。一般来说，样本越大，它的数字特征就越接近总体的参数特征。样本太小，其代表性就会受到影响。在实验性研究中，样本容量都要求在 30 以上（林连书，2001：22）。

4.2　抽样方法

抽样大致可分为简单随机抽样（Simple random sampling）、分层抽样（Stratified sampling）、等距抽样（Systematic sampling）和整群抽样（Cluster

---

① 第九章我们还要具体讨论这个问题。

sampling）等几种方法。在语言研究中，我们最为常用的两种抽样方法是简单随机抽样和分层抽样。

4.2.1　简单随机抽样

简单随机抽样是按随机原理直接从总体 N 个单位中取 n 个单位作为样本。不论是重置抽样或不重置抽样[①]，都要保证每个单位在抽选中有相等的中选机会。对于总体而言，由于这种抽样在组织形式上除了确定抽样框[②]（Sampling frame）的名单外，不需要利用任何其他的信息，所以也称为单纯随机抽样。

简单随机抽样是抽样中最基本也是最简单的方式。在一般情况下，抽样之前要求对总体各单位加以编号，然后用抽签的方式或根据随机数字表（见附录 1 的表 1）来抽取必要的单位数。例如，如果我们想通过用词来研究作家 Emily Brontë（1983）《呼啸山庄》（*Wuthering Hights*）的写作风格，我们就可以对该书的词语进行随机抽样。按照 Bantam Classics 版本，全书是 317 页。假设每页有 30 行，每行是 15 个字。如果我们要抽取 60 个词进行研究，第一步是先从 1～317 随机抽取 60 个数字。我们可以从附录 1 的随机数字表中的任何一处开始连续记下 3 个数字，这 3 个数字必须在 1～317 之间。然后接着记下第二个 3 位数，第三个 3 位数……如果在这个过程中，有大于 317 的数字，应该舍弃，重新抄写后面一个三位数，直到 60 个数字全都抄下来，这样页数就已确定。然后确定行数，即从 1～30 中随机抽出 60 个大于 1、小于 30 的两位数的数字。最后确定哪一个字，也就是从 1～15 中随机抽出 60 个大于 1、小于 15 的两位数的数字。这样我们便获得了 60 组数字，分别表示页、行、字，最后根据这 60 组数字就可得到随机抽出的 60 个字。在这些页、行、字里，任何两项（如页和行或行和字或页和字）都可重复，但页、行、字三方面不能同时重复，如有应该舍弃，因为这样抽出的是同一个字。

采用 SPSS 软件，我们可以非常简单地实现这一工作。方法如下：

---

①　重置抽样也叫"回置抽样"，是指抽出的样本待记录后又放回总体中，以供下一次抽取。顾名思义，不重置抽样就是抽出的样本不再放回总体中。

②　抽样框又称"抽样框架""抽样结构"，是指对可以选择作为样本的总体单位列出名册或排序编号，以确定总体的抽样范围和结构。常见的抽样框有大学生花名册、城市黄页里的电话列表等。（http：//baike. baidu. comview1652958. htm？fr＝aladdin，2018 年 8 月 17 日）。

第一步：打开 SPSS 软件，输入数据。

第二步：执行数据（Data）命令。

第三步：选择"数据"（Data）菜单中的"选择个案"（Select cases），弹出选择个案对话框。

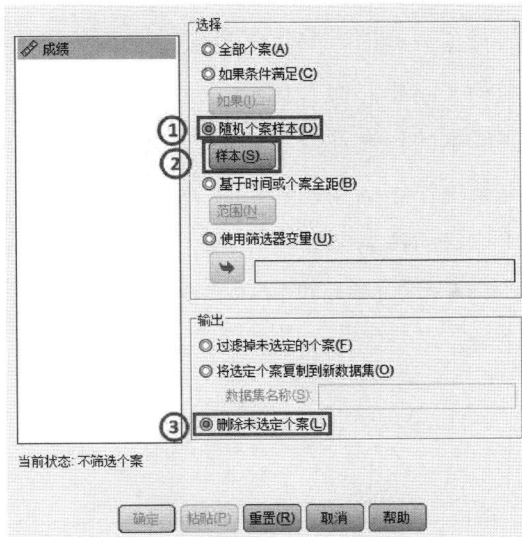

– 在选择选项中，单击"随机个案样本"（Random samples of cases）。

– 这时下方的"样本"（Sample）按钮由灰色变成可用，弹出样本对话框。

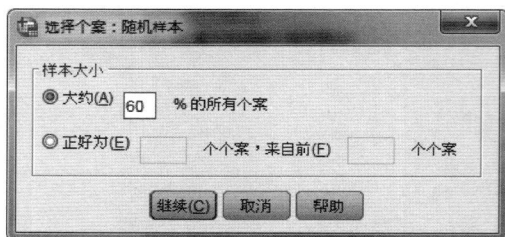

第四步：根据需要选择要抽取某一比例的样本还是要准确抽取若干个体的样本；确定后"继续"（Continue）按钮变为可用。

第五步：单击"继续"（Continue）按钮，回到"选择个案"对话框。

第六步：选择"删除未选定的个案"（Unselected cases are），然后单击"OK"；此时在数据编辑器中只剩下了样本的数据。

4.2.2 分层抽样

分层抽样又称类型抽样，是先把总体按某一标志分成若干个类型组，然后分别在各组内按随机原则抽取样本单位。例如，针对考生对考题的看法进行抽样调查时，可以按考试的成绩将考生分层。分层抽样可以根据需要采用等比例和不等比例分配各层样本。有时，分层是自然的，如按班级、专业、行政区域等，这种抽样的组织和实施相对而言比较方便。由于分层抽样是从各层中抽取样本，这样可以提高样本的代表性，然后选择适当的分配方式以提高抽样的精度。我们仍然以研究某位作家的用词特点为例。表 4.1 是经计算机程序处理后所展示的不同时期该作家的作品字数：

表 4.1　某作家不同时期作品中的字数统计（单位：字）

	长篇小说	中篇小说	总计
早期作品	500 000	100 000	600 000
中期作品	700 000	200 000	900 000
晚期作品	300 000	200 000	500 000
总计	1 500 000	500 000	2 000 000

如果我们要研究该作家的整体用词的特点，就应该在他的不同时期不同类型的作品中分别进行简单抽样，而不能单从某个时期的长篇小说或中篇小说中抽样。

分层抽样的一个好处是它可以让我们对各层样本进行比较。理想的情况下是各个样本的大小是一样的，尽管各个分组在总体中的比例可能不一样。把这种方法称为不等比例分层抽样。而等比例抽样正好相反，因为每一分组的字数是不一样的，按照等比例进行抽样，其结果是抽出来的样本大小是不一样的。比如我们要从上面这位作家共 2 000 000 字的作品中抽出 120 000 字（6%）进行研究，将其按等比例分层抽样和不等比例分层抽样的结果列为表 4.2，我们可以得到所需抽取的字数：

表 4.2　某作家不同时期作品中字数按等比、不等比分层抽样统计（单位：字）

	等比例	不等比例
长篇小说		
早期作品	30 000	20 000
中期作品	42 000	20 000
晚期作品	18 000	20 000
中篇小说		
早期作品	6 000	20 000
中期作品	12 000	20 000
晚期作品	12 000	20 000
总计	120 000	120 000

从上表中我们可以看出，等比例一栏中、长篇小说各时期抽出来的样本量是不一样的，因为所有这些样本量是根据等比例（6%）分层抽样方法抽出来的。例如，长篇小说早期作品的字数是 500 000（表 4.1），抽取 6% 就是 500 000×0.06＝30 000。同理，中期作品抽取的字数是 700 000×0.06＝42 000，以此类推。而在不等比例一栏中，不管各时期作品的原始字数是多少，最后抽出来的样本量都是 20 000，显然这个数据是按照不等比例分层抽样方法抽出来的。如长篇小说早期作品的字数是 500 000，抽取 20 000 个字，其抽样比例就是

4％。同理，中篇小说早期作品的字数是 100 000，抽取 20 000 个字，其抽样比例就是 20％，以此类推。也就是说，如果我们采用的是不等比例分层抽样来估计总体的特征的话，我们必须对不同的层进行加权（Weighting）。

不管采用什么分层抽样方法，样本的总量都是 120 000 字。具体采用什么比例抽样或者采用哪一种分层抽样方法更科学，那就要由研究者结合实际情况去判断和决定了①。

4.2.3　等距抽样

等距抽样又称机械抽样，或系统抽样，是先将总体各单位按某个标志顺序排队，然后按此顺序等间隔地抽取样本单位。等距抽样的间隔为总体容量与抽取的样本容量之比。等距抽样简便易行，当样本量很大时，用简单随机抽样相当麻烦，而用等距抽样只需把所有单位按一定顺序排队，然后确定第一个单位的编号和抽样间隔，其余单位就随之自然确定。

4.2.4　整群抽样

整群抽样是先将总体划分成若干群，然后按随机原则从中抽取部分群，对被抽中群的所有抽样单位都进行调查。例如，对某城市居民外语水平进行调查，不是从整个城市住户中直接抽选住户进行调查，而是从该城市全部居委会中随机抽选若干居委会，对被选中的居委会的所有住户再进行调查。整群抽样的优点是：它不需要编制总体全部单位的名单，只需编制总体各群的名单，可以减少工作量，而且整群抽样时群内各单元较集中，进行调查比较方便，可以节约费用。

以上的抽样方法在 SPSS 中可以选择"分析（Analyze）"菜单下的"复杂抽样（Complex samples）"→"选择样本（Select a sample）"。然后照着向导上的提示一步一步去做就可以了。

－ 打开 SPSS 软件，输入数据。

---

① 建议读者自己进一步思考。

－执行分析→复杂抽样→选择样本命令，弹出抽样向导对话框。然后照着向导上的提示一步一步去做就可以了。

4.3 概率原理

无论我们采用的是哪一种抽样方法，概率原理是这些抽样方法的基础。样本特征与总体结构之间的关系就是通过概率原理相连接的（Woods *et al.*，2000：59）。在我们的日常生活中，可以看到很多概率的例子。最常见的是各类英语考试中的多项选择题，在 A，B，C，D 四个选项中，每一个选项被选中的概率是 25％。因此，测试专家认为客观选择题很难避免猜测的因素，因为即便是某一考生一个题都不会做，如果他始终选择其中任何一个选项，他就可以获得 25％的分数。另一个例子就是投硬币。每当我们对某一决断难以确定时，许多人就会采取投硬币的方法，此时硬币的正面和反面出现的概率各为 50％。据说某知名导演在面对从两个优秀演员之间做出选择时，就是通过抛硬币的方法来选择影片的主角的。在上述这些例子中，随机事件出现的可能性是固定的，如投硬币只有两种可能性，因此通常被称为简单事件（林连书，2001）。

在我们日常生活中有些随机事件是不固定的。例如，如果要问买彩票和抓阄中彩的概率有多大，这就需要通过反复操作，记下中彩这个随机事件的次数，才能计算出其概率的数值。

"概率的概念在统计推理中起很大的作用。用概率可从现在推断未来，也可以从局部推断整体，这就是我们为什么要学习它的原因。"（林连书，2001：13）

在语言研究中，我们就是利用概率的原理来进行随机抽样，按科学的方法抽出能够代表总体特征的样本来进行研究，然后通过样本的特征推断出总体的参数特征。而要抽出具有代表性的样本来，样本的大小非常关键。如前面所说，样本越大，样本的数字特征就越接近总体的参数特征，如样本的均值就越接近总体的均值。

1. 举出两个日常生活中的例子来说明总体和样本的概念。

2. 采用随机数字表，分别在莫言的《红高粱家族》《丰乳肥臀》《蛙》几部小说里抽取 50 个字，然后进行分类对比，看该作家在这三部作品中的用词和写作风格有何异同。

3. 采用随机数字表，分别在海明威的《老人与海》（*The Old Man and the Sea*）和马克吐温的《哈克贝利费恩历险记》（*Adventures of Huckleberry Finn*）两部小说里抽取 50 个字，然后进行分类对比，看这两位作家在各自作品中的用词和写作风格有何异同。

4. 举出两个日常生活中概率的例子来说明并理解概率的原理。

第 5 章

正态分布与参数估计

这一章我们通过列举一些生活和学习中的例子，来说明什么叫正态分布，正态分布的特征，标准分及其作用。我们还将介绍参数估计的概念，包括点估计和区间估计，最后介绍统计学中两个常用的显著性水平。

5.1 正态分布与标准分

当我们在同等条件下对某一变量进行重复测量时，我们无法预测这一变量的测量值，也就是说这个变量的测量值具有随机性与不可预测性。同样，当我们从总体中重复抽出样本大小为 n 的样本时，每个样本的均值我们是无法预测的。当随机变量具备随机性和不可预测性这两个特征，且数量或样本足够大时，其数据就会显示出正态分布的特征。

正态分布（Normal distribution）又名高斯分布（Gaussian distribution）[①]，是一个重要的概率分布。正态分布的例子在我们的生活中随处可见。例如，在同一片纯种树林里（如桉树），尽管树木受到诸多随机因素如阳光、水分、养分和空间的影响，但树木的大小（如直径）却是呈正态分布的。也就是说，在同一片林子里，参天大树和低矮小树都是少数，多数树木都处于中间状态，接近总体的均值，呈正态分布。又如，时下减肥非常时髦，尤其是对女性。其实在

---

① Gauss，Johann Carl Friedrich（1777—1855）是德国的数学家、物理学家，在诸多领域如数论、代数、统计、解析、微分几何、测地学、地球物理学、静电学、天文学和光学都具有卓著的贡献。（http：//en. wikipedia. orgwikiCarl_Friedrich_Gauss，2019 年 7 月 24 日）

我们的日常生活中不难发现，真正肥胖和消瘦的人是少数，多数人都属于"正常发育"，即人的胖瘦呈正态分布。人的寿命也一样，能活到100岁的和早夭的人都是少数，大多数都能活到平均寿命，因此人的寿命也是正态分布。

表 5.1 是某大学英语专业高年级学术论文写作的成绩：

表 5.1　某大学英语专业高年级学术论文写作的成绩

71	74	89	88	86	85	85	85	75	65	84	91	84	94	61
57	84	87	75	89	87	91	91	77	72	89	89	92	88	89
91	87	81	90	78	84	92	89	83	92	91	78	84	93	79
83	67	76	80	88	80	86	85	68	62	79	85	84	82	81
75	77	82	84	85	82	73	95	83	82	92	83	84	80	78
88	86	88	91	79	82	80	81	87	79	83	69	79	83	81
86	79													

我们在 SPSS 24.0 计算软件中建立一个新的数据文件，并将这些成绩输入这一数据文件中，然后便制作出一个直方图，如图 5.1：

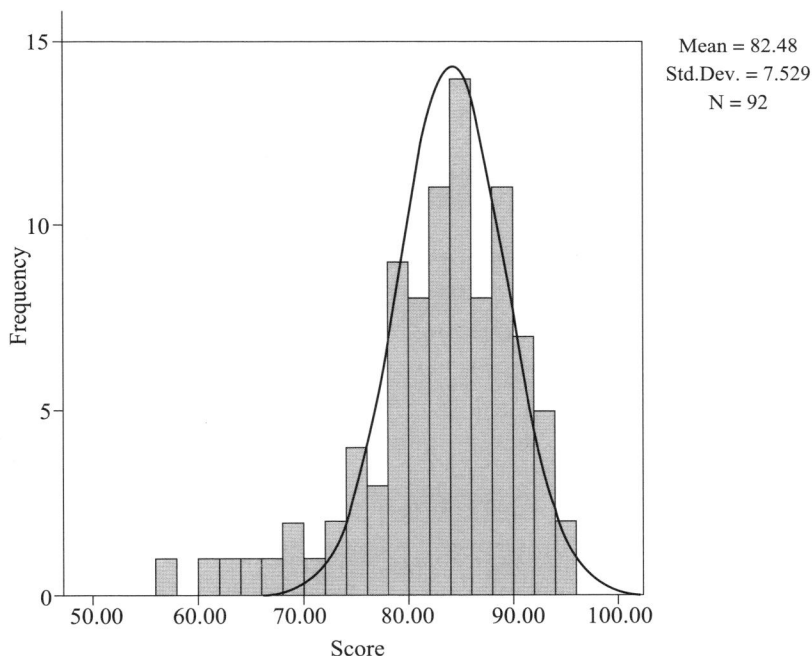

图 5.1　某大学英语专业高年级学术论文写作的成绩

从上述直方图可以看出，这 92 个学生的成绩基本上呈正态分布。其平均分数为 82，标准差为 7.5。它具有如下三个基本特征：

（1）正态分布曲线是对称的；

（2）其形状像一个倒扣的钟；

（3）该曲线呈尖高形。

事实上，只要样本足够大，正态分布曲线的基本形状都差不多，所不同的是：（1）曲线图的中心位置取决于总体的均值，μ。（2）是呈尖高状还是扁平状取决于总体的标准差 σ，σ 越大，正态分布曲线越扁平；σ 越小，正态分布曲线越尖高（Woods et al.，2000：89）。换一句话说，正态分布曲线是由两个参数决定的，一个是均值，另一个是标准差。用不同的均值和标准差描绘出来的正态分布曲线会呈现出不同的形状，即便是均值一样，正态分布曲线也会呈现不同的形状，尽管如上所说其基本形状都像倒扣对称的古钟。如图 5.2 所示：

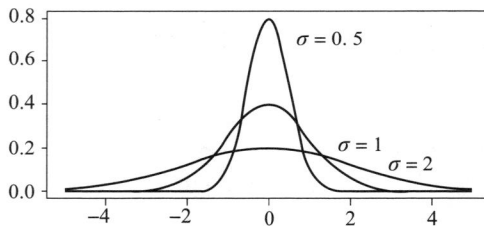

图 5.2　不同标准差的正态分布曲线

如果我们把变量 X 按照下列公式转化成 Z 变量：

$$Z = \frac{X - \mu}{\sigma}$$

那么这个正态分布就是标准正态分布（Standardized normal distribution），因为所有 Z 数值的均值为 0，标准差为 1，且如果 X 为正态分布，Z 也会是正态分布[①]。上图中间的那个曲线图就是标准正态分布图。

正态分布是一个理想的概率分布。在这个概率分布中，随机变量的取值概率我们可以从图 5.3 看出：当取值在 −1 和 +1 个标准差之间时，其概率大约是

————————————

① 这个转化过程的详细证明请见 Woods et al.，（2000：90-91）。

68%；当取值在−2和+2个标准差之间时，其概率大约是95%；当取值在−3和+3个标准差之间时，概率则为99%之多。以上述某大学英语专业高年级学术论文写作的分数为例，该年级这门课学生的平均分为82，标准差为7.5，分数在均值±1个标准差（即74.5分和89.5分）之间出现的概率是68%，在均值±2个标准差（即67分和97分）之间出现的概率是95%，在均值±2个标准差之外的概率就非常小，只有5%了。也就是说，68%的学生所取得的成绩都在74.5分和89.5分之间，95%的学生取得的成绩在67分和97分之间，5%的学生取得的成绩在67分之下或者在97分之上。

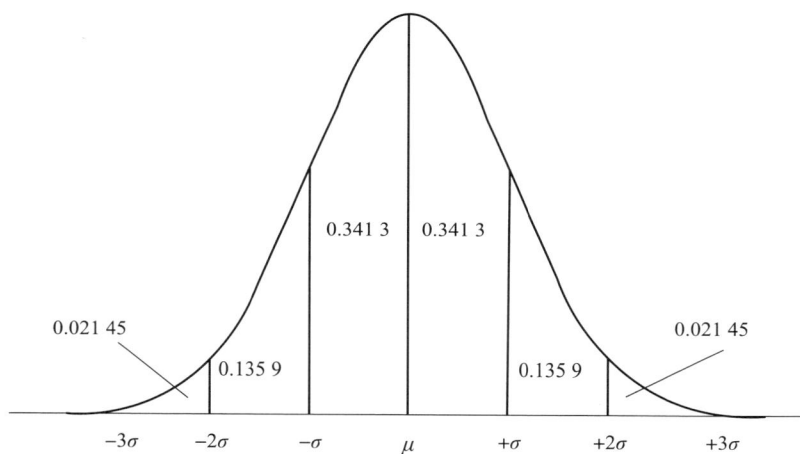

图5.3 正态分布曲线下的面积

在一门考试中如果我们知道均值和标准差，我们就可以知道某一学生跟其他学生比是考得好还是考得差。例如，某班高级汉英笔译的平均分是80，标准差是6，某学生考了86分，这说明他比84%（50%+34%）的学生考得好。如果该生考了92分（即比平均分高出两个标准差的分数：6+6），那么该生就比高于97%（50%+34%+13.6%）的学生考得好。当然，如果该考生只考了74分，那么他只比16%（14%+2%）的人考得好，也即比84%的人考得差，依此类推。

上述例子所涉及的考生分数与平均分正好是一个标准差或两个标准差的情况。如果该门考试的平均分仍然是80分，标准差仍然是6，一个学生考了88，那么根据上面的公式，该生的标准分 Z 为：

$$Z = \frac{X - \overline{X}}{s} = \frac{88 - 80}{6} = 1.33$$

查附录 1 表 2 标准正态分布表 Z 值为 1.33 时的概率是 90.8%，说明该生比 90.8% 的学生考得好。

前面 3.2.2 谈到，有了均值和标准差，我们就可以计算标准分，而标准分最大的作用之一就是便于不同考试之间分数的比较。例如，一个高中生参加高考后，有人问他的母亲儿子考得怎么样。在谈到几门主科，即语文、数学和英语①的成绩时，母亲说语文考得最好，英语其次，数学考得最不理想，因为该生语文考了 120 分，英语考了 115 分，数学只考了 110 分。这种比较是直接拿原始分数跟该考生的 3 门考试分数进行比较。但是，如果我们知道各科考试的平均分和标准差，我们便知道该考生跟其他考生比他到底考得怎么样。假设这次考试语文的平均分是 100，标准差是 8，英语的平均分是 95，标准差是 10，数学的平均分是 80，标准差也是 10，我们可以根据标准分计算公式，算出这三门科目的标准分（或叫 Z 分数）如下：

$$Z_{语文} = \frac{X - \overline{X}}{s} = \frac{120 - 100}{8} = 2.5$$

$$Z_{英语} = \frac{X - \overline{X}}{s} = \frac{115 - 95}{10} = 2$$

$$Z_{数学} = \frac{X - \overline{X}}{s} = \frac{110 - 80}{10} = 3$$

从上述计算结果可以看出，与其他考生相比，其实该考生数学考得最好，其次是语文，再就是英语。并不像该考生的母亲所说的那样，数学考得最不好。如果我们查附录 1 表 2 标准正态分布表，我们便可以知道该生语文、英语、数学 Z 分数的概率分别是 0.993 8、0.977 2、0.998 6，也就是该生语文比 99.38% 的人强，英语比 97.72% 的人强，数学比 99.86% 的人强（参见图 5.3）。这些概率反映出该生在所有考生中的位置，也即该生在这些科目中的百分位。

---

① 语文、数学、英语总分都是 150 分。

由此可见，标准分之所以可用来比较不同科目的考试成绩和确定考生在考试中的百分位，是因为它不仅考虑了所有考生的平均分，而且考虑了每一个考生的分数离开平均分的差距，这个差距再除以标准差，得出的结果便是多少个标准差，即标准分是多少。因此，"在标准化考试中采用标准分，对不同组、不同测验就有同一个尺度进行量度"（林连书，2001：53）。

5.2　参数估计

可能有的读者已经注意到，前面计算标准分的公式中符号使用不一致，这是因为有时候我们使用的是表示总体特征的参数，有时候采用的是表示样本的统计量。一般来讲，总体的均值、方差和标准差我们分别用拉丁字母 μ、σ^2 和 σ 表示，统称（总体）参数（Parameter）。而样本的均值、方差和标准差则分别用罗马字母 $\overline{X}$、s^2 和 s 表示，统称（样本）统计量（Statistics）。

参数估计就是运用具有代表性的样本统计量对总体参数进行科学、准确地估计。如 $\overline{X}$ 作为 μ 的估计值首先必须是无偏的（Unbiased）。也就是说，无论抽出的样本是怎样的，或大或小，其均值都应该是比较准确的。无数个这样的样本均值，应该等于我们所要估计的总体的均值。其次，$\overline{X}$ 应该是相容的或一致性（Consistent）估计量，即随着样本容量的增大，估计量 $\overline{X}$ 就越来越接近被估计的总体均值 μ，即样本越大，其估计量就越接近总体参数的真值（Woods *et al.*，2000：96）。

参数估计一般有两种方法，一种是点估计（Point estimation），另一种是区间估计（Interval estimation）。点估计是指用一个样本的统计量去估计总体的参数。如由样本的均值 $\overline{X}$ 来估计总体的均值 μ，样本的方差 s^2 估计总体的方差 σ^2，样本的标准差 s 估计总体的标准差 σ。以表 5.1 某大学英语专业高年级学术论文写作成绩这个样本为例，我们可以计算：

$$\overline{X} = \frac{\sum X}{n} = \frac{71 + 74 + 89 + \cdots + 81 + 86 + 79}{92} = \frac{7\,588}{92} = 82.5$$

$$s^2 = \frac{\sum (X - \overline{X})^2}{n-1} = \frac{5\ 159.7}{91} = 56.7$$

$$s = \sqrt{s^2} = \sqrt{56.7} = 7.5$$

如果采用 SPSS 24.0 软件计算，其步骤如下。

– 打开 SPSS 软件，输入数据。

– 执行分析/描述统计/频率（Analyze/Descriptive statistics/Frequencies）命令，弹出频率对话框。

– 在频率对话框，把"成绩"变量从左侧列表移到右侧，然后单击"统计"，弹出"频率：统计"选择窗口。在此窗口选"平均值"（Mean），"方差"（Variance）和"标准差"（Std. deviation），最后按"确定"。

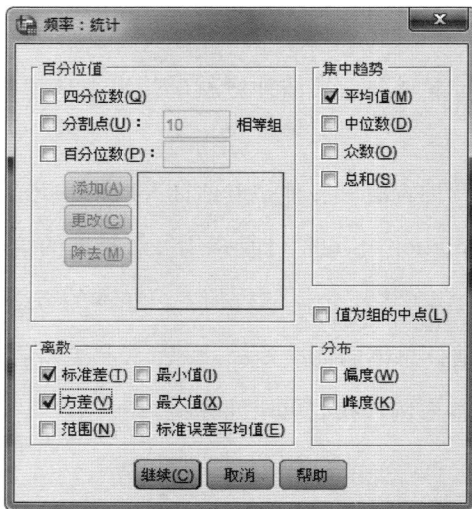

结果如下：

某大学英语专业高年级学术论文写作成绩 SPSS 计算结果

个案数	有效	92
	缺失	0
均值		82.48
标准差		7.529
方差		56.692

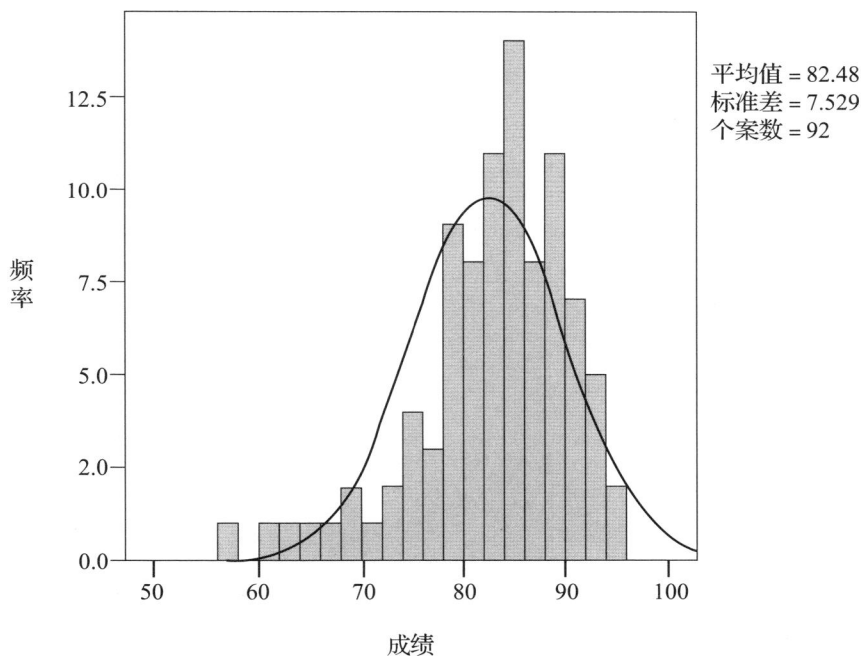

平均值 = 82.48
标准差 = 7.529
个案数 = 92

因此，总体均值、方差和标准差的点估计值分别为 82.5、56.7 和 7.5。如果换一个样本，即同类大学英语专业高年级学术论文写作成绩，计算出来的估计值会不一样。也就是说，在点估计中，由于随机抽出的单个样本是不一样的，其估计值不一定是总体的参数值。但是，如果以抽样分布，即概率分布为理论依据，按照随机抽样的概率原理，根据样本的点估计值，将总体的参数值确定在一定的区间之内，就可以克服点估计的局限性，这就叫区间估计。

我们还是以表 5.1 某大学英语专业高年级学术论文写作成绩这个样本为例。

已知：$\overline{X}=82.5$ $n=92$ $s=7.5$，计算出置信水平为 95％时总体均值的置信区间。

根据下列公式先计算标准误差：

$$s_{\overline{X}}=\frac{s}{\sqrt{n}}=\frac{7.5}{\sqrt{92}}=0.8$$

再根据样本均值和总体均值的差（$82.5-\mu$）和标准误差计算出标准分：

$$Z=\frac{82.5-\mu}{0.8}$$

从上述已知条件可知，$n=92$ 是一个大样本[①]，因此这个样本可以认为遵从正态分布。查附录 1 表 3 标准正态分布百分比表得知，置信区间为 95％时，即正态分布图截去 5％（左、右对称，各 2.5％）时的标准分分别为 -1.96 和 $+1.96$，因此，

$$-1.96\leqslant\frac{82.5-\mu}{0.8}\leqslant+1.96$$

移项得出：

$$-0.8\times1.96\leqslant82.5-\mu\leqslant+0.8\times1.96$$

也即：

$$-1.6\leqslant82.5-\mu\leqslant+1.6$$

也即：

$$-1.6-82.5\leqslant-\mu\leqslant+1.6-82.5$$

也即：

$$80.9\leqslant\mu\leqslant84.1$$

这就是我们求出的置信水平为 95％时的总体均值的置信区间，也就是说我们有 95％的把握总体均值会落在 80.9 和 84.1 之间。

如果我们要计算置信水平为 99％时总体均值的置信区间。其计算步骤与上述一样。标准误差仍然为：

$$s_{\overline{X}}=\frac{s}{\sqrt{n}}=\frac{7.5}{\sqrt{92}}=0.8$$

---

① 　一般来说，样本容量大于 30 就可被认为是大样本，因为其数据会呈现出正态分布。

标准分仍然为：

$$Z=\frac{82.5-\mu}{0.8}$$

查附录 1 表 3 标准正态分布百分比表得知，置信区间为 99％时，即正态分布图截去 1％（左、右对称，各 0.5％）时的标准分分别为－2.58 和＋2.58，因此，

$$-2.58\leqslant\frac{82.5-\mu}{0.8}\leqslant+2.58$$

移项得出：

$$-0.8\times2.58\leqslant82.5-\mu\leqslant+0.8\times2.58$$

也即：

$$-2.1\leqslant82.5-\mu\leqslant+2.1$$

也即：

$$-2.1-82.5\leqslant-\mu\leqslant+2.1-82.5$$

也即：

$$80.4\leqslant\mu\leqslant84.6$$

这就是我们求出的置信水平为 99％时的总体均值的置信区间，也就是说我们有 99％的把握总体均值会落在 80.4 和 84.6 之间。跟置信水平为 95％时的总体均值的置信区间相比，显然这个置信区间要宽些，也就是说我们更有把握确信总体均值会落在这个区间内。

95％和 99％是统计学中最常用的两个置信水平。如果说我们有 95％或 99％的把握某个总体的均值落在相应的置信区间内，也就是说我们还有 5％或 1％可能性总体的均值落在相应的区间之外，即 5％或 1％犯错误的概率①，也叫 0.05 或 0.01 的显著水平（Significance level）。上述例子告诉我们：当我们从 0.05 的显著水平提高到 0.01 显著水平时，第一类错误就减少了，但相应的临界值（Critical value）也从 1.96 上升到了 2.58。

---

① 这种错误叫做第一类错误（Type I error）。相反，某个总体的均值不是样本的估计值，但仍有可能落在相应的置信区间内，这种错误叫做第二类错误（Type II error）。

1. 什么是正态分布？请举出生活和学习中的例子加以说明。

2. 每年考研后各大学都可能有调剂名额，但每所大学出的题目是不一样的，所以没有可比性。比如，去年某大学英语系研究生招生有 2 个调剂名额，但是有 3 个考生申请。从大学 A 来的考生基础英语考了 120 分，该考试的平均分是 110，标准差是 10，从大学 B 来的考生考了 114，该考试的平均分是 100，标准差是 12，从大学 C 来的考生考了 125 分，该考试的平均分是 115，标准差是 14。

   请：1）分别计算这三个考生的标准分，并说明根据该门考试的成绩应该选择哪两个考生；2）解释为什么有必要计算标准分。

3. 解释什么是点估计，什么是区间估计。

4. 从 5.2 参数估计部分我们得知置信水平越低（如 95%），在相应的置信区间内越有可能找不到总体参数的真值（即均值）；置信水平越高（如 99%），在相应的置信区间内越有可能找到总体参数的真值（即均值）。这是为什么？

第 6 章

SPSS 的参数检验

这一章我们首先介绍参数检验的基本概念，如假设检验的基本原理和步骤。然后运用实例分别阐述和演示单样本的 t 检验，两个独立样本的 t 检验，以及两个配对样本的 t 检验。

6.1 参数检验的基本概念

前面我们讲到如何根据概率原理进行随机抽样，获取具有代表性的样本，再根据样本的数据特征来推断总体的参数特征，这个过程就叫做统计推理。例如在 4.1 中我们提到的对高中毕业生的英语词汇量进行随机抽样，再根据样本的数据特征（如均值和方差）来推断总体的参数特征（如总体的均值和方差）。再比如，在外语教学界，Scherer 和 Wertheimer（1964）做过一个颇具影响的实验。在这个实验中，美国科罗拉多大学（Uiversity of Colorado）学习德语的大一学生被随机分为两个实验组，一个采用传统的语法-翻译法（Grammar-translation method）教学，另一个采用听说法（Audiolingual method）教学。该实验整整持续了两年，其目的是考察经过两年不同的教学后，究竟哪一种教学方法更好。显然，这两个实验组就是两个样本，研究人员必须根据这两个样本的研究数据来推知两个实验组英语习得的效果之差异性，也即这两个样本是取自于同一个总体还是两个不同的总体[①]。

---

① 显然，在这个实验中总体的参数是没法获取的。

利用样本数据特征来推断总体的参数特征一般采用两种方法：

一种方法是在总体分布已知或假定的情况下（如正态分布），根据样本的数据对总体参数（如均值、方差等）进行推断。如 5.1 所述，在一定的置信水平条件下，估计参数的取值范围（赖国毅、陈超，2011：158；薛薇，2011：118）。对于上例提到的高中毕业生掌握多少英语词汇量的问题，我们可以假定这个总体是一个正态分布（人数超过 30），因此我们就可以根据样本的大小、均值和标准差，来估计在某一置信水平条件下总体均值的取值范围；此外，我们还可在一定的显著水平下，对某个给定的参数值进行检验，如检验总体均值是否与某一个值存在显著差异性，这个值或来自同一总体的样本均值，或来自另一总体的样本均值。再如检验两个总体是否有显著性差异（薛薇，2011：118）或两个样本之间的差异性（袁克定，2005：137）。上述提到的检验语法-翻译教学法与听说教学法何为更好的实验研究，就是通过比较两个样本的差异性，来检验这两个样本是来自于同一个总体还是来自于不同的总体。这些统计推断一般都要靠参数检验来完成，也即，上述统计推断的过程就叫做参数检验。

另一种方法是在总体分布未知或无法假定总体分布的情况下，根据样本的数据对总体的分布或参数特征进行推断。这种统计推断过程称为非参数检验。这部分内容将在第八章详细阐述，本章主要探讨参数检验的问题。

我们还是以高中毕业生的英语平均词汇量为例，来阐明参数检验的步骤和基本原理。假定有人经过调查研究得出：全国高中毕业生的英语平均词汇量为 2 100 个，如果我们在北京随机抽出 140 名高中毕业生做同样的调查，发现这些学生的平均词汇量是 2 180 个，标准差是 420，那么北京高中毕业生的英语平均词汇量和全国高中毕业生的平均词汇量是否相同？

从上述两个平均词汇量来看，显然北京高中毕业生的词汇量要高。这也许是由于随机抽样引起的误差，即被抽到的毕业生的词汇量刚好都多于 2 100 个，这种误差叫做随机误差。如果我们另外随机抽取 140 名毕业生，也许他们的词汇量会低于 2 100 个。还有可能每一次抽出的 140 名北京高中毕业生的英语词汇量都大于 2 100 个，由此而产生的误差叫做系统误差。要弄清楚究竟是哪一种误差引起的差异，我们就应该做一做差异的显著性检验，即前面提到的参数检验，其步骤如下：

第一步：提出原假设（也叫零假设 Null hypothesis）。假设北京高中毕业生英语平均词汇量与全国高中毕业生的词汇量无差异，也是 2 100 个，记做 H_0：$\mu = 2\,100$，相反的假设叫做备择假设（Alternative hypothesis），记做 H_1：$\mu \neq 2\,100$。

第二步：选择检验统计量。这个例子为均值检验，而均值检验的前提是总体服从正态分布。在零假设成立的条件下，从北京高中毕业生总体中抽出无数个大小为 140 的样本，无数个这样的样本的均值 $\overline{X}$ 也将是正态分布，其均值等于总体的均值 μ，其标准差等于 $\sigma/\sqrt{n}$，因此选择的检验统计量为：

$$Z = \frac{\overline{X} - \mu}{\sigma/\sqrt{n}}$$

即采用双侧（Two-tailed）Z 检验法，Z 的数值服从标准正态分布。

第三步：计算检测统计量观测值及其发生的概率值。根据上述给定的样本数据计算统计量：

$$Z = \frac{2\,180 - 2\,100}{420/\sqrt{140}} = 2.3$$

相伴概率 p 为 0.02。

第四步：给定显著水平 α，然后作出统计推断。如前所述，如果我们将置信水平定为 95% 或 99%，我们还有 5% 或 1% 犯错误的概率，统计学上将这种小于或等于 0.05 或 0.01 的事件叫做小概率事件，也叫显著性水平，一般用 α 表示。查附录 1 表 3，我们得知：上述统计量（绝对值）大于 0.05 显著水平上的 Z 临界值 1.96。如果计算出来的样本统计量 Z 的绝对值小于或等于 1.96，我们就有 95% 的把握断定零假设成立，或者说我们可以接受零假设 $\mu = 2\,100$。如果计算出来的样本统计量 Z 的绝对值大于 1.96，我们则有 95% 的把握拒绝零假设 $\mu = 2\,100$，接受备择假设 $\mu \neq 2\,100$。在这个例子中，由于 2.3 > 1.96，因此，北京高中毕业生英语平均词汇量不等于 2 100 个，与全国高中毕业生的词汇量在 5% 的显著水平上具有差异性。当然，在 $|Z| > 1.96$、我们以 95% 的把

握拒绝零假设时，我们便有 5％ 的犯错误的概率，如前所述，这种错误叫第一类错误（Type I error）。同理，在 $|Z| \leqslant 1.96$ 我们以 95％ 的把握接受零假设时，我们也有 5％ 的犯错误的概率，这种错误叫第二类错误（Type II error）。由此可见，所谓的显著水平，实际上就是我们在进行统计推断时有可能犯错误的概率。为了减少第一类错误，研究者一般会将显著水平提到 0.01，相应地，这个显著水平的临界值 Z 也由 1.96 提高到 2.58。在上述参数检验中，如果我们将显著水平 α 提高到 0.01，Z 临界值就变成了 2.58，那么在 2.3＜2.58 的情况下，我们就只能接受零假设，得出北京高中毕业生英语平均词汇量等于 2 100 个，与全国高中毕业生的词汇量在 1％ 的显著水平上没有差异性的结果，这与此前的结果正好相反。至于选择什么样的显著水平，0.05 还是 0.01，这需要由研究者根据实际情况来决定。

上述四个步骤阐述了参数检验的原理和过程，然而，如果我们采用 SPSS 来进行参数检验，我们只要提出或确定第一步的零假设，第二步和第三步都可以采用 SPSS 软件来完成，第四步需要我们利用上述的推断原理进行人工判断，即给定一个显著水平 α，然后判断统计推断结果。所不同的是：不是像上述一样比较计算出来的统计量和 Z 临界值，而是比较 p 与显著水平 α：

$p＞\alpha$ 为大概率事件，零假设成立或接受零假设；

$p＜\alpha$ 为小概率事件，零假设不成立或拒绝零假设。

根据上述计算的结果 $p＜\alpha$（$p=0.02$，$\alpha=0.05$），因此我们拒绝零假设：北京高中毕业生英语平均词汇量与全国高中毕业生的词汇量无差异。也就是：北京高中毕业生英语平均词汇量与全国高中毕业生的词汇量在 5％ 的显著水平上具有差异性，不等于 2 100 个。由此可见，道理是一样的。

在我们进行上述假设检验时，我们采用的是双侧（Two-tailed）Z 检验法，即零假设为 H_0：$\mu=2 100$，备择假设为 H_1：$\mu \neq 2 100$。这就是说根据备择检验，μ 有可能大于 2 100，也有可能小于 2 100，所以要采用双侧概率检验。如果我们选择的显著水平 $\alpha=0.05$，那么标准正态分布两侧的概率就分别为 0.025，查附录 1 表 3 标准正态分布百分比表 $Z_{0.05}=1.96$ 就行，表示标准正态分布 μ 值落在 $\pm Z$ 以外（图中的阴影部分）的概率加起来为 0.05。依此类推，如果选择的显著水平为 $\alpha = 0.01$，两侧的概率就分别为 0.005，查表得 $Z_{0.01} = 2.58$，表示标准正态分布 μ 值落在 $\pm Z$ 以外（阴影部分）的概率加起来为 0.01。

但是，如果备择假设是：

$$H_1 : \mu < 2\,100$$

或

$$H_1 : \mu > 2\,100$$

我们就应该采用单侧（One-tailed）Z 检验法，因为此时的 μ 只会落在正态分布的左侧或右侧。如果我们选择的显著水平为 $\alpha = 0.05$，这时的 $Z_{0.05} = -1.65$ 或者 $Z_{0.05} = 1.65$。如果我们选择的显著水平为 $\alpha = 0.01$，那么 $Z_{0.01} = -2.33$ 或 $Z_{0.01} = 2.33$[①]。是拒绝还是接受零假设，方法同上，就看计算出来的统计量是否小于 -1.65 或 -2.33，如果是，则在 5% 或 1% 的显著水平上否定零假设，得出 $\mu < 2\,100$ 的结论，如果不是，则应接受零假设 $\mu = 2\,100$。同理，如果计算出来的统计量大于 1.65 或 2.33，则在 5% 或 1% 的显著水平上否定零假设，得出 $\mu > 2\,100$ 的结论，如果不是，则应接受零假设 $\mu = 2\,100$。

如果是比较 p 与显著水平 α，与上述一样：

$p > \alpha$ 为大概率事件，零假设成立或接受零假设；

$p < \alpha$ 为小概率事件，零假设不成立或拒绝零假设。

6.2　单样本 t 检验

在 6.1 参数检验一节里，我们采用的是 Z 检验法，即 Z 的数值服从标准正态分布，且在总体的均值和方差已知的情况下，检验样本的均值与总体的均值之间是否存在显著差异性。但是在我们不知道总体的方差，而且面临的是小样本的情况下，我们就应该采用 t 检验法来进行检验。这种"利用来自某总体的

---

① 大多统计书列的表都是双侧表，因此查双侧表时应该注意：如果选择的显著水平为 $\alpha = 0.05$，就应查 0.10，这样两侧平分，每侧就是 0.05。如果选择的显著水平为 $\alpha = 0.01$，就应查 0.02，两侧平分，每侧就是 0.01。

样本数据，推断该总体的均值是否与指定的检验值之间存在显著差异"（薛薇，2011）的假设检验叫做单样本 t 检验（One-sample t-test）。

既然单样本 t 检验是用于检验单个变量的均值是否与假设检验值（给定的常数）之间存在的差异性，那么刘大海等（2008：101）认为：研究某地区高考数学平均分数与去年分数（定值）的差异可采用单样本 t 检验来进行。研究某地区高考数学平均分数与全省高考数学平均分数的差异，也可采用单样本 t 检验，因为这样的问题实际上就是进行样本均数与总体均数之间的差异显著性检验（p. 101）。

更具体地说，单样本 t 检验涉及的只有一个总体。对于所有小样本来源的总体或变量，应服从或假定服从正态分布（Woods *et al.*，2000）。同时，单样本 t 检验可采用样本的均值和方差来进行。

单样本 t 检验的步骤与上一节里提到的 Z 检验法的步骤完全相同。

第一步：提出原假设/零假设。如假设某地区高考英语平均分数与全省高考英语平均分数无显著性差异，即原假设/零假设 H_0：$\overline{X} = \mu$，备择假设 H_1：$\overline{X} \neq \mu$，其中 $\overline{X}$ 为某地区高考英语平均分数，μ 为全省高考英语平均分数。

第二步：选择检验统计量。如果零假设成立，则：

$$t = \frac{\overline{X} - \mu}{s/\sqrt{n}}$$

其中，n 为样本量，$\overline{X}$ 为样本均值，s 为样本的标准差，且该变量服从自由度为（$n-1$）的 t 分布[①]。

第三步：计算检测统计量观测值及其发生的概率值，即 p 值。

第四步：给定显著水平 α，然后作出统计推断。比较 p 与显著性水平 α：

如果 $p > \alpha$，零假设成立或接受零假设，即某地区高考英语平均分数与全省高考英语平均分数无显著性差异；

如果 $p < \alpha$，零假设不成立或拒绝零假设，即某地区高考英语平均分数与全省高考英语平均分数具有显著性差异。

---

① t 分布比 Z 分布扁平，n 越大，t 分布就越接近 Z 分布。

下面我们举例加以说明：

自从 Becker（1975）提出了"预制语块"（Prefabricated chunks）的概念以来，国内外出现了大量的关于语块和英语语块教学的研究（如王立非、张大凤，2006；徐盛桓，2009；王立非、陈香兰，2009；Wood，2007；Durrant & Mathews-Aydınlı，2011；Conklin & Schmitt，2012；Durrant，2017；Wray，2008，2009，2016，2019）。研究结果表明：如果习得者注意语块的积累，他们不用在使用时进行词语之间语法的、语用等的重组，便可以随时整体提取使用。这样，大脑里的语言编码压力便大为减轻（肖武云，2011），提高了语言学习的效率。同时，由于语块的使用是整体提取，这就避免了词语重组时出现的错误，不仅提高了产出的速度，而且保证了语言表达的准确性、地道性、流畅性和意义的连贯性。胡丽娟（2011）的研究表明：语块的使用量和作文质量之间存在着正相关的关系。

假设某个研究团队经过几年的努力，对全国大学英语专业二年级学生的平均语块量进行了统计，发现他们的英语平均语块量为 600。某教师对该校同年级英语专业随机抽查了 20 名学生，其语块量统计如表 6.1：

表 6.1　某大学英语专业二年级 20 名学生语块量统计

550	670	720	450	710	660	655	600	680	780
440	740	645	632	624	690	620	500	610	667

问该校英语专业二年级 20 名学生的平均语块量与全国英语专业二年级学生的平均语块量是否存在显著性差异。

检验步骤如下：

第一步：提出原假设/零假设。假设该校英语专业二年级 20 名学生的平均语块量与全国英语专业二年级学生的平均语块量无显著性差异，即原假设/零假设 H_0：$\mu=600$，备择假设 H_1：$\mu\neq600$。

第二步：选择检验统计量。如果零假设成立，则：

$$t=\frac{\overline{X}-\mu}{s/\sqrt{n}}$$

根据上述数据，$n=20$，$\overline{X}=632.2$，$s=89.8$，该统计量服从（$n-1$）的 t 分

布，自由度 $df = 20 - 1 = 19$。

第三步：计算检测统计量观测值及其发生的概率值，即 p 值[①]。将上述数值代入，得：

$$t = \frac{632.2 - 600}{89.8/\sqrt{20}} = 1.6$$

第四步：给定显著水平 α，然后作出统计推断。取显著水平 $\alpha = 0.05$，查 $df = 19$ 的 t 双侧临界值为：$t_{(19, 0.05)} = 2.093$。显然，算出的统计量 $1.6 < 2.09$，因此，我们接受零假设：该校英语专业二年级 20 名学生的平均语块量与全国英语专业二年级学生的平均语块量无显著性差异。

上面我们进行的是人工计算，目的是帮助读者理解单样本 t 检验的原理与步骤。下面我们将采用 SPSS 软件对该实例进行分析和操作演示。

— 打开 SPSS 软件，输入数据。

— 执行分析/比较平均值/单样本 t 检验（Analyze/Compare means/One-sample t test）命令，弹出单样本 t 检验对话框。

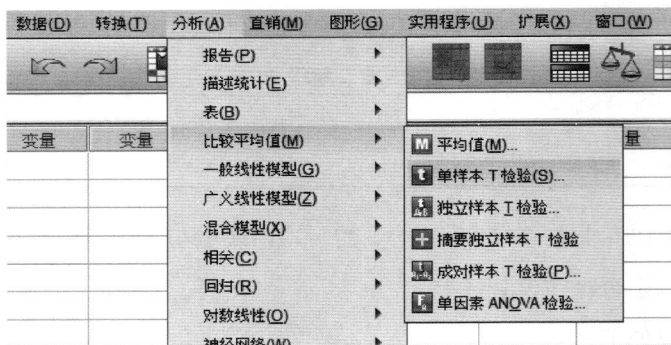

— 在该对话框中，将左侧列表中的变量"成绩"移到右边列表。此时，在检验值（Test value）文本框中输入 600。然后，单击"选项"（Options）按钮弹出"单样本 t 检验：选项"对话框。

---

① 这里不查 p 值，留给下一步进行 SPSS 操作时再将 α 与 p 进行比较。

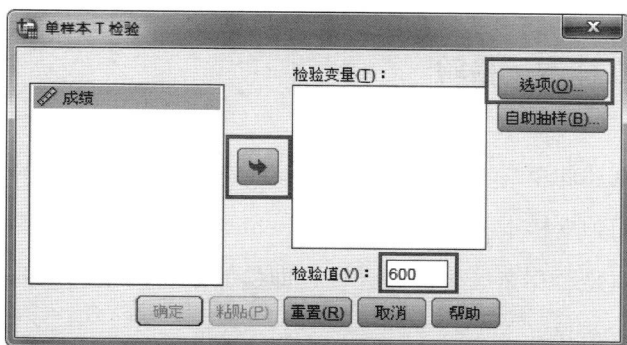

– 这个选择窗口中选项的含义如下：

＋置信区间（Confidence interval）百分比：默认为 95％。

＋缺失值（Missing values）：选择按具体分析排除个案。

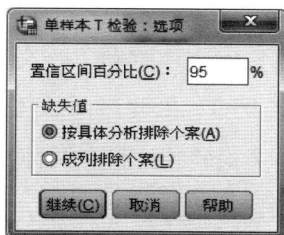

– 回到单样本 t 检验对话框，单击"确定"就出结果了。结果如下：

单样本描述性统计

	个案数	均值	标准差	标准误差均值
成绩	20	632.15	89.756	20.070

单样本 t 检验结果

	检验值＝600					
	t 值	自由度	显著性（双尾）	均值差值	差值95％置信区间 下限	上限
成绩	1.602	19	.126	32.150	－9.86	74.16

注：显著性水平为 0.05。

从上述表中我们得知 $p > \alpha$（0.126＞0.05），因此，我们接受零假设：该校英语专业二年级 20 名学生的平均语块量与全国英语专业二年级学生的平均语块量无显著性差异。可见，这与我们上面手工计算的结果是一样的。

6.3 两独立样本 t 检验

上一节所阐述的单样本 t 检验用于检验样本的均值与总体的均值是否存在显著性差异，而独立样本 t 检验（Independent-samples t-test）则用于检验两个不同总体的均值是否存在显著性差异，也即检验来自两个总体的独立样本均值是否存在显著性差异。

两独立样本 t 检验作为假设检验的方法之一，其检验的基本步骤与参数检验的步骤完全相同。

第一步：提出原假设/零假设。假设两总体均值无显著性差异，即原假设/零假设 H_0：$\mu_1 = \mu_2$，备择假设 H_1：$\mu_1 \neq \mu_2$。

第二步：选择检验统计量。由于比较两个样本均值的差异是建立在作为样本来源的两总体均值的差异之上的，因此当两总体为正态分布时，两样本的均值差也应是正态分布。但计算 t 检验统计量有两种情况：

第一种：当两总体方差未知且相等，即 $\sigma_1^2 = \sigma_2^2$ 时，采用合并的方差：

$$s^2 = \frac{(n_1-1)s_1^2 + (n_2-1)s_2^2}{n_1 + n_2 - 2}$$

其中，s_1^2、s_2^2 分别为样本 1 和样本 2 的方差，n_1 和 n_2 分别为样本 1 和样本 2 的样本量，t 统计量定义为：

$$t = \frac{\overline{X}_1 - \overline{X}_2}{\sqrt{\dfrac{s^2}{n_1} + \dfrac{s^2}{n_2}}}$$

t 统计量服从 $n_1 + n_2 - 2$ 个自由度的 t 分布。

第二种：当两总体方差未知且不相等，即 $\sigma_1^2 \neq \sigma_2^2$ 时，分别采用样本 1 和样本 2 各自的方差：

$$s^2 = \frac{s_1^2}{n_1} + \frac{s_2^2}{n_2}$$

t 统计量定义为：

$$t = \frac{\overline{X}_1 - \overline{X}_2}{\sqrt{\frac{s_1^2}{n_1} + \frac{s_2^2}{n_2}}}$$

此时 t 统计量服从修正自由度的 t 分布，修正自由度定义为：

$$df = \frac{\left(\frac{s_1^2}{n_1} + \frac{s_2^2}{n_2}\right)^2}{\frac{\left(\frac{s_1^2}{n_1}\right)^2}{n_1} + \frac{\left(\frac{s_2^2}{n_2}\right)^2}{n_2}}$$

因此，根据上述我们得知，弄清楚两个总体方差是否相等是计算抽样分布方差的前提。通常的做法是采取 Levene F 方法通过计算 F 统计量来检验方差齐性。首先提出原假设/零假设：两总体方差无显著性差异，即 $H_0: \sigma_1^2 = \sigma_2^2$，备择假设 $H_1: \sigma_1^2 \neq \sigma_2^2$，然后用下列计算 F 统计量的公式计算：

$$F = \frac{\text{大方差数值}}{\text{小方差数值}}$$

该函数服从自由度（$n_1 - 1$，$n_2 - 1$）的 F 分布。如果给定的显著水平为 $\alpha = 0.05$ 或 0.01，计算出来的统计量若大于 $F_{(n_1-1, n_2-1)}$ 的临界值（或小于概率 p 值），则拒绝零假设 H_0，得出两个总体方差不相等的结论，否则两个总体方差相等或无显著性差异。

第三步：计算检测统计量观测值及其发生的概率值。根据给定的零假设，SPSS 软件将计算统计量 F 和统计量 t 的观测值以及相应的概率 p 值，并自动将样本量、样本均值和样本方差代入

$$t = \frac{\overline{X}_1 - \overline{X}_2}{\sqrt{\frac{s^2}{n_1} + \frac{s^2}{n_2}}} \text{ 或 } t = \frac{\overline{X}_1 - \overline{X}_2}{\sqrt{\frac{s_1^2}{n_1} + \frac{s_2^2}{n_2}}}$$

中，计算出 t 统计量和相应的概率 p 值。

第四步：根据 t 统计量和给定显著水平 α，作出统计推断。如果给定的显著水平为 $\alpha = 0.05$ 或 0.01，计算出来的 t 统计量若大于 t 的临界值（或小于概率 p 值），则拒绝零假设 H_0，得出两个总体的均值（或两个独立样本的均值）存在显著性差异的结论，否则将接受零假设 H_0，说明两个总体的均值（或两个独

立样本的均值）无显著性差异。

我们以 Scherer 和 Wertheimer（1964）的研究为例，对上述步骤说明（表 6.2）。

表 6.2　该研究两年后获得的学生口语能力实验数据

	Audiolingual		Grammar-translation
$\overline{X}_1$	82.92	$\overline{X}_2$	77.71
s_1	6.78	s_2	7.37
n_1	24.00	n_2	24.00

数据来源：Scherer 和 Wertheimer（1964，引自 Woods *et al.*，2000：178）。

具体步骤：

第一步：提出原假设/零假设。假设语法-翻译法教学效果与听说法教学效果无显著性差异或两总体均值无显著性差异，即原假设/零假设 H_0：$\mu_1 = \mu_2$，备择假设 H_1：$\mu_1 \neq \mu_2$。

第二步：选择检验统计量。由于实验前对究竟是传统的语法-翻译法教学效果好还是听说法效果好无人知晓，因此有理由假设：两总体方差相等，即 $\sigma_1^2 = \sigma_2^2$。那么，合并的方差为：

$$s^2 = \frac{(n_1-1)s_1^2 + (n_2-1)s_2^2}{n_1+n_2-2}$$

$$= \frac{(24-1) \times 6.78^2 + (24-1) \times 7.37^2}{24+24-2}$$

$$= \frac{1\,058 + 1\,248.9}{46} = 50.2$$

t 统计量为：

$$t = \frac{\overline{X}_1 - \overline{X}_2}{\sqrt{\dfrac{s^2}{n_1} + \dfrac{s^2}{n_2}}}$$

t 统计量服从 $n_1 + n_2 - 2$ 个自由度的 t 分布。

第三步：计算检测统计量观测值及其发生的概率值。将 s^2 值和表中的数值代入上式，得：

$$t = \frac{82.92 - 77.71}{\sqrt{\dfrac{50.2}{24} + \dfrac{50.2}{24}}} = \frac{5.2}{2} = 2.6$$

第四步：根据 t 统计量和给定显著水平 α，作出统计推断。如果给定的显著水平为 $\alpha=0.05$，根据 $df=n_1+n_2-2=24+24-2=46$ 查附录 1 表 4 t 分布表得 $t_{(46,0.05)}=2.02$（因表中无 $df=46$ 的临界值，故选与 46 接近，且较大的临界值）。由 $t>t_{(46,0.05)}$[①]，我们拒绝零假设 H_0，得出两个总体的均值（或两个独立样本的均值）存在显著性差异的结论，也就是说听说法教学效果比语法-翻译法教学效果要好。

下面我们再举一个实例，采用 SPSS 软件进行分析：某大学对一年级学生英语期末考试成绩进行了一次抽样调查，男女学生各抽查 25 人，成绩如表 6.3：

表 6.3　某大学一年级学生英语期末考试成绩

性别	分数														
男生	67	75	80	82	77	80	79	83	85	78	89	90	84	78	82
	75	81	76	74	68	65	73	86	87	73					
女生	79	78	84	85	80	87	89	85	88	80	90	95	85	78	80
	80	84	78	75	69	66	78	87	88	83					

问该校一年级男生和女生英语期末考试成绩是否存在显著性差异？

－ 打开 SPSS 软件，输入数据。

－ 执行分析/比较平均值/独立样本 t 检验（Analyze/Compare means/Independent samples T test）命令，弹出独立样本 t 检验对话框。

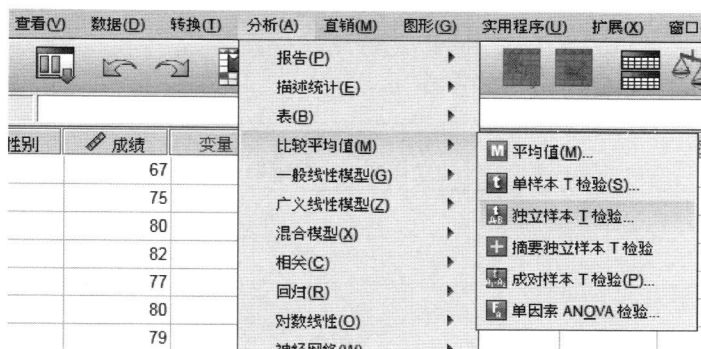

---

① 这里不查 p 值，留给下一步进行 SPSS 操作时再将 α 与 p 进行比较。

–在该对话框，将左侧列表中的变量"成绩"移到检验变量（Test variables）列表，此时将"性别"移到分组变量（Grouping variables）列表，然后单击"定义组"，弹出定义组对话框。

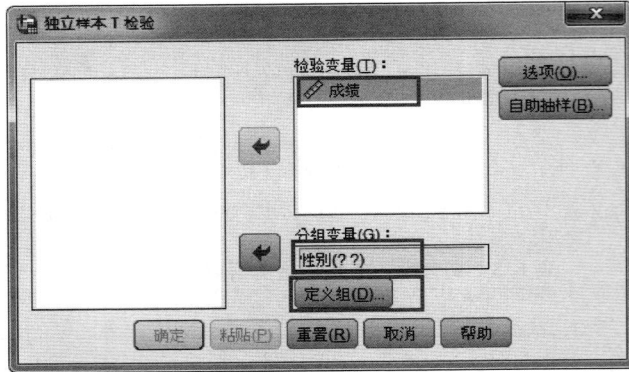

–在定义组选择窗口的组1中输入0，组2中输入1，然后按"继续"。

–返回独立样本 t 检验选择窗口，单击"确定"按钮就可看到结果了。

独立样本描述性统计

	性别	个案数	均值	标准差	标准误差均值
成绩	0	25	78.68	6.575	1.315
	1	25	82.04	6.465	1.293

独立样本 t 检验结果

		莱文方差等同性检验		均值等同性 t 检验						
		F	显著性	t	自由度	显著性（双尾）	均值差值	标准误差差值	差值95%置信区间 下限	上限
成绩	假定等方差	.015	.903	−1.822	48	.075	−3.360	1.844	−7.068	.348
	不假定等方差			−1.822	47.986	.075	−3.360	1.844	−7.068	.348

从上述表我们可以看出 $p > \alpha(0.903 > 0.05)$，我们接受零假设：该校一年级男生和女生英语期末考试成绩没有显著性差异。

6.4 配对样本 t 检验

配对样本 t 检验（Paired-samples t-test）的作用是通过检验两个相关样本的均值是否存在显著性差异，来推断作为样本来源的两个总体均值是否存在显著性差异。例如考察一个班或一个语言专业采用某种教学法前后的语言产出性技能（如口语、写作）是否有显著性差异。也就是说，同一个学生接受某种教学法教育前后的两个（口语或写作）成绩是相关的，因为语言基础较好的学生相对语言基础较差的学生来说，通过这种教学后成绩仍然要好些，这前后的两个成绩就是一个配对，一个班或一个语言专业接受这种教学法教育前后的两组成绩就构成了配对样本，这是一种情况（另见 Lee，2007）。再如，将被试按照某种相近条件（如年龄、年级、性别等）进行一一配对或者自身进行配对（刘大海等，2008）而形成的两个组，分别进行两种实验处理，然后观察处理效果是否有差异，这是另一种情况。如 Hughes 和 Lascaratou（1981）将 32 个从学生作文中抽出来的句子作为配对样本，由一组操本族语的英语老师和一组希腊的英语老师来判断错误的严重性（相当于两种不同的处理），以检验两组老师判断错误的均值是否存在显著性差异。同一组 32 个句子，由两组老师来判，相当于两个配对样本接受两个不同的处理。

因此，配对样本一般具有两个特征：一是两组样本的样本量相同，二是两组样本观察值的先后顺序是一一对应的，不能随便调换（薛薇，2011）。

配对样本 t 检验的原理和步骤与假设检验完全相同。

第一步：提出原假设/零假设。假设两总体均值无显著性差异，即原假设/零假设 $H_0: \mu_1 = \mu_2$，也可写成 $H_0: \mu_1 - \mu_2 = 0$ 或 $H_0: \mu_d = 0$，μ_1 和 μ_2 分别是作为配对样本 1 和配对样本 2 来源的两总体的均值。如一个班或一个语言专业接受某教学法教育前后成绩无显著性差异，则 $H_0: \mu_1 - \mu_2 = 0$，或 $H_0: \mu_d = 0$；再如操本族语的英语老师和希腊的英语老师判断的错误均值无显著性差异，则 $H_0: \mu_1 - \mu_2 = 0$，$H_0: \mu_d = 0$。

第二步：选择检验统计量。两配对样本 t 检验应选择的统计量与单样本 t 检验统计量相似，也采用 t 统计量。其原理是：首先计算出两组样本中每对观察值的差值，得到差值样本。然后，通过检验差值样本均值是否显著为 0，来推断两总体的均值是否显著为 0。如果差值样本的均值与 0 有显著性差异，那么可推断两总体的均值有显著性差异，反过来，如果差值样本的均值与 0 无显著性差异，两总体的均值不存在显著性差异。

那么，两配对样本 t 检验的统计量为：

$$t = \frac{\overline{d} - (\mu_1 - \mu_2)}{s/\sqrt{n}}$$

当 $\mu_1 - \mu_2 = 0$ 时，t 统计量服从自由度 $n-1$ 的 t 分布。

由此可见，两配对样本 t 检验是通过转化成单样本 t 检验来实现的，即最终转化成对差值序列总体均值是否显著为 0 做检验。正是因为如此，这种 t 检验要求样本配对，观察值数目相同且顺序不可随意调换。

第三步：计算检测统计量观测值及其发生的概率值。SPSS 软件将计算两组样本的差值，并将相应数据代入上式计算出 t 统计量和对应的概率 p 值。

第四步：根据 t 统计量和给定显著性水平 α，作出统计推断。如果给定的显著水平为 $\alpha = 0.05$ 或 0.01，计算出来的 t 统计量若大于 t 的临界值（或小于概率 p 值），则拒绝零假设 H_0，得出两个总体的均值（或两个配对样本的均值）存在显著性差异的结论，否则将接受零假设 H_0，说明两个总体的均值（或两个配对样本的均值）无显著性差异。

下面我们用实例，对上述步骤加以说明。

某大学英语专业以 Krashen（1981，1985）的语言输入假说（Input Hypothesis）为理论指导进行 2 年的教学改革，将传统的高级英语阅读课与高级英语写作课合并，改为高级英语读写，其目的是通过大量的高于学习者现有水平的语言输入（Comprehensible input），再经模仿、强化学习者语言加工的过程，最后达到以读促写的效果。以下是教学改革前后某班学生的写作成绩（表 6.4）：

表 6.4　某大学英语教学改革前后某班学生的写作成绩

学生序号	性别	改革前写作成绩	改革后写作成绩	差值
学生 1	男	10	12	-2
学生 2	男	9	11	-2
学生 3	女	8	11	-3
学生 4	女	8	11	-3
学生 5	女	9	12	-3
学生 6	女	10	12	-2
学生 7	女	11	13	-2
学生 8	女	11	14	-3
学生 9	女	12	14	-2
学生 10	女	10	13	-3
学生 11	女	10	12	-2
学生 12	女	9	11	-2
学生 13	女	11	13	-2
学生 14	女	12	14	-2
学生 15	女	10	12	-2
学生 16	女	11	13	-2
学生 17	女	12	15	-3
学生 18	女	10	13	-3
学生 19	女	11	12	-1
学生 20	女	10	13	-3

$$n=20 \quad \overline{d}=-2.4 \quad s=0.6$$

第一步：提出原假设/零假设：教学改革前后某班学生的写作成绩无显著性差异，即原假设/零假设 $H_0: \mu_1 - \mu_2 = 0$ 或 $H_0: \mu_d = 0$。

第二步：选择检验统计量。当 $\mu_1 - \mu_2 = 0$ 时，两配对样本 t 检验的统计量为：

$$t = \frac{\overline{d} - 0}{s / \sqrt{n}}$$

t 统计量服从自由度 $n-1$ 的 t 分布。

第三步：计算检验统计量观测值及其发生的概率值。将上述数值代入上式，得：

$$t = \frac{-2.4}{0.6 / \sqrt{20}} = -17.9$$

第四步：根据 t 统计量和给定显著水平 α，作出统计推断。如果给定的显著水平为 $\alpha = 0.01$，查附录 1 表 4 t 分布表，$t_{(19, 0.01)} = 2.86$，那么计算出来的 $|t| > t_{(19, 0.01)}$，因此我们拒绝零假设 H_0，说明教学改革前后某班学生的写作成绩存在显著性差异。

下面我们用 SPSS 软件将上例演示一遍。

– 打开 SPSS 软件，输入数据。

– 执行分析/比较平均值/成对样本 t 检验（Analyze/Compare means/Paired samples T test）命令，弹出成对样本 t 检验对话框。

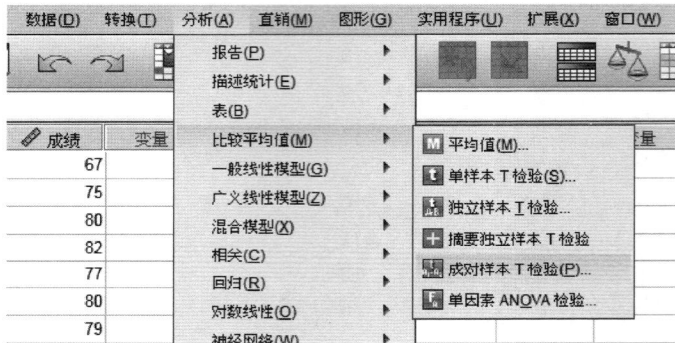

– 在此选择窗口中选"成绩前"，然后单击添加按钮，将这变量移到右侧配对变量（Paired variables）选项中的变量 1（Variable 1），同时将"成绩后"移到变量 2（Variable 2），再按"选项"按钮，设计置信区间为 99%，最后按"确定"。

结果如下：

配对样本描述性统计

		均值	个案数	标准差	标准误差均值
配对 1	成绩前	10.20	20	1.196	.268
	成绩后	12.55	20	1.146	.256

配对样本相关性

		个案数	相关性	显著性
配对 1	成绩前 & 成绩后	20	.875	.000

配对样本 t 检验

		配对差值					t	自由度	显著性双尾
		均值	标准差	标准误差均值	差值99%置信区间 下限	上限			
配对 1	成绩前-成绩后	-2.350	.587	.131	-2.726	-1.974	-17.899	19	.000

从配对样本 t 检验表我们得知 $p<\alpha(0.00<0.01)$，因此，与上述的结论一样，我们拒绝零假设 H_0，说明教学改革前后某班学生的写作成绩存在显著性差异。

我们再看一个实例。有人认为中国的英语老师判作文比操本族语的英语老师判得严格。为了证实这一点，某研究人员将英语专业大二某班 22 名学生的作文分别拿给一个中国英语老师和一个操本族语的英语老师判，其判出的作文成绩如表 6.5：

$$n=22 \quad \overline{d}=-1.364 \quad s=0.727$$

第一步：提出原假设/零假设：中国英语老师和操本族语的英语老师所判的英语作文成绩无显著性差异，即原假设/零假设 H_0：$\mu_1-\mu_2=0$ 或 H_0：$\mu_d=0$。

第二步：选择检验统计量。当 $\mu_1-\mu_2=0$ 时，两配对样本 t 检验的统计量为：

表 6.5　英语专业大二某班学生的写作成绩

学生序号	性别	中国英语老师	操本族语的英语老师	差值
学生 1	男	10	11	−1
学生 2	男	11	13	−2
学生 3	男	13	14	−1
学生 4	女	8	10	−2
学生 5	女	9	11	−2
学生 6	女	11	13	−2
学生 7	女	12	13	−1
学生 8	女	14	15	−1
学生 9	女	10	12	−2
学生 10	女	11	11	0
学生 11	女	10	10	0
学生 12	女	9	11	−2
学生 13	女	12	13	−1
学生 14	女	12	14	−2
学生 15	女	11	12	−1
学生 16	女	12	14	−2
学生 17	女	13	15	−2
学生 18	女	11	13	−2
学生 19	女	12	12	0
学生 20	女	11	13	−2
学生 21	女	14	15	−1
学生 22	女	13	14	−1

$$t = \frac{\overline{d} - 0}{s / \sqrt{n}}$$

t 统计量服从自由度 $n-1$ 的 t 分布。

第三步：计算检验统计量观测值及其发生的概率值。将上述数值代入上式，得：

$$t = \frac{-1.364}{0.727 / \sqrt{22}}$$

$$= -8.801$$

第四步：根据 t 统计量和给定显著性水平 α，作出统计推断。如果给定的显著性水平为 $\alpha = 0.01$，查附录 1 表 4 t 分布表，$t_{(21, 0.01)} = 2.83$，那么计算出来的 $|t| > t_{(21, 0.01)}$，因此我们拒绝零假设 H_0，说明中国英语老师和操本族语的英语老师所判的英语作文成绩存在显著性差异。从表 6.5 也可以看出，中国老师给的分比操本族语的英语老师给的分要低，说明中国老师更严格。

下面我们用 SPSS 软件将上例演示一遍。

－ 打开 SPSS 软件，输入数据。

－ 执行分析/比较平均值/成对样本 t 检验（Analyze/Compare means/Paired samples T test）命令，弹出成对样本 t 检验对话框。

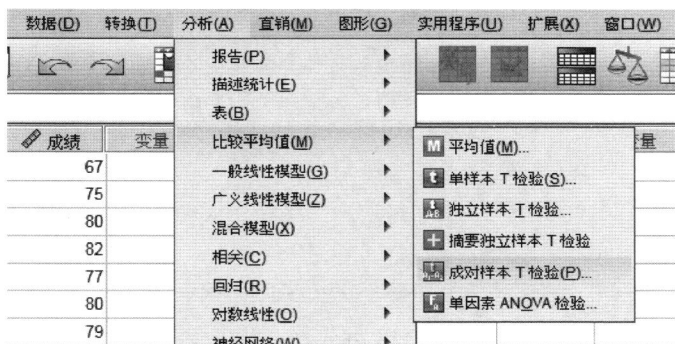

－ 在此选择窗口中选"中国英语老师"，然后单击添加按钮，将这变量移到右侧配对变量（Paired variables）选项中的变量 1（Variable 1），同时将"操本族语的英语老师"移到变量 2（Variable 2），最后按"确定"。

结果如下：

配对样本描述性统计

		均值	个案数	标准差	标准误差均值
配对 1	中国英语老师	11.32	22	1.585	.338
	操本族语的英语老师	12.68	22	1.555	.332

配对样本相关性

		个案数	相关性	显著性
配对 1	中国英语老师 & 操本族语的英语老师	22	.893	.000

配对样本 t 检验

		配对差值					t	自由度	显著性（双尾）
		均值	标准差	标准误差均值	差值99%置信区间				
					下限	上限			
配对 1	中国英语老师-操本族语的英语老师	−1.364	.727	.155	−1.802	−.925	−8.801	21	.000

由上述配对样本 t 检验表我们得知 $p < \alpha$（0.00 < 0.01），因此我们拒绝零假设 H_0，得出同样的结论：中国英语老师和操本族语的英语老师所判的英语作文成绩存在显著性差异。

1. 什么是参数检验？请概述一下参数检验的基本原理和步骤。

2. 据调查显示：中国 TOEFLiBT 考生的口语成绩普遍偏低，平均分为 17 分①。某外语培训机构为了了解该培训机构考生口语考试的水平，随机抽查了 20 名考生，其口语成绩如下：

18	17	18	20	22	21	19	18	20	22
19	21	25	24	23	17	20	24	26	24

请采用 SPSS 软件分析该机构 TOEFL iBT 考生的口语考试成绩与全国考生的成绩是否存在显著性差异，同时写出单样本 t 检验的步骤。

3. 假设某研究人员在做实验前对学生的阅读能力进行了前测，经过 16 周的背景知识在阅读中的应用实验以后，又做了后测，其原始数据如下：

学生前测阅读成绩		学生后测阅读成绩	
控制组	实验组	控制组	实验组
24	25	26	28
30	31	32	34
30	31	31	35
23	22	25	28
32	30	34	37
27	26	32	38
21	20	23	26
28	29	32	35

---

① TOEFL iBT 考试的听、说、读、写每部分为 30 分，总分为 120 分。

学生前测阅读成绩		学生后测阅读成绩	
控制组	实验组	控制组	实验组
26	25	33	36
18	19	23	28
31	30	34	36
28	29	32	37
29	30	33	36
24	23	25	29
19	20	22	26
24	23	24	26
35	36	37	39
22	21	22	24
30	31	33	35
24	23	25	38
30	31	32	34
33	32	34	36
31	32	33	37
27	26	28	29
31	32	34	37
18	17	19	24
23	24	25	29
13	16	18	24
17	15	18	23

请确定上述例子应采用哪一种 t 检验，然后请采用 SPSS 分别分析前测与后测学生的阅读成绩是否存在显著性差异，得出在英语阅读课中介绍背景知识后是否有助于提高学生英语阅读能力的结论，注意写出 t 检验的步骤。

4. 某英语专业老师认为听写有助于提高学生的语法水平，因此一年来她要求学生坚持听写，下面是她教的 24 名学生在实施听写前后的语法测试成绩：

学生序号	性别	听写前语法成绩	听写后语法成绩
学生 1	男	78	85
学生 2	男	74	79
学生 3	女	73	79
学生 4	女	77	80
学生 5	女	75	78
学生 6	女	80	85
学生 7	女	80	86
学生 8	女	82	88
学生 9	女	81	87
学生 10	女	77	84
学生 11	女	76	82
学生 12	女	80	88
学生 13	女	81	86
学生 14	女	82	86
学生 15	女	87	90
学生 16	女	84	89
学生 17	女	83	88
学生 18	女	74	84
学生 19	女	73	83
学生 20	女	79	84
学生 21	女	81	85
学生 22	女	84	88
学生 23	女	86	91
学生 24	女	78	85

请确定上述例子应采用哪一种 t 检验，然后请采用 SPSS 分别分析听写前和听写后学生语法成绩是否存在显著性差异，得出结论，同时写出 t 检验的步骤。

5. 自从 2000 年美国 MaureenLage，Glenn Platt and Michael Treglia 在他们的经济学课上采用翻转课堂（Flipped classroom）的模式进行教学以来，该教学模式被多种学科、多种课程所采用，各种教学研究也层出不穷。外语教学研究也不例外，如 Lee & Wallace（2018）对翻转课堂的教学效果进行了定量研究，得出的结果是翻转课堂组比传统课堂组在三个测验中的得分都要高，尤其是在期末考试中这两个课堂组的平均成绩具有显著性差异[①]。假设中国某大学英语专业一位听力课老师在自己教的两个班进行了一个学期的实验，A 班采用的是翻转课堂教学模式，B 班采用的是传统教学模式。实验前该老师对两个班进行了前测，经 t-test 发现两个班的平均成绩没有显著性差异。期末考试后，两个班的成绩列表如下：

A、B 班期末考试成绩

A 班	B 班
78	72
89	83
80	78
75	71
88	83
86	80
68	60
65	61
92	90

[①] 对于英语翻转课堂的教学效果的定量研究并不多，而且不同的研究得出的结论有所不同。

A 班	B 班
77	70
82	78
85	81
76	69
60	55
84	81
82	77
90	88
89	84
74	71
87	84
81	80
91	90

问：

1）该 t 检验属于哪一类 t 检验？

2）采用翻转课堂教学模式后 A、B 两个班期末考试成绩是否有显著性差异？请采用 SPSS 软件计算，并解读结果，得出结论。

第 7 章

SPSS 的方差分析

前面讲到的参数检验中的 t 检验，主要用于检验两组数据的均值是否有显著性差异，如果要检验两组以上数据的均值是否有显著性差异，一般不采用这种方法，而是采用方差分析。本章将介绍方差分析的基本概念、单因素方差分析、单因素重复测量方差分析和多因素方差分析方法。

7.1　方差分析的基本概念

检验两组以上数据均值的显著性差异之所以不采用 Z 检验和 t 检验基于两个原因，一是如果数据组多，一个一个比较非常麻烦。假设我们有 5 组数据 A、B、C、D、E，比较的数据组就有 AB，BC，CD，DE，AC，AD，AE，BD，BE，CE，一共要比较 $n(n-1)/2$ 次，即 10 次。二是如此反复地比较，犯第一类错误（Type I error）的可能性大大增加。因为假设我们给定的 $\alpha=0.05$，那么我们每做一次 t 检验就有 5% 犯第一类错误的概率，如果连续做 10 次，可想而知犯第一类错误的概率有多大！而方差分析便可以减少这类错误，实现两组或两组以上均值之间的比较。

在讲解方差分析的原理之前，我们先了解一下方差分析中的几个概念：

1）因素（Factor）：影响实验结果的（自）变量（Independent variable），如性别、班级、地区等。

2）水平（Levels of a factor）：因素中划分的类别或自变量的类别，如 2 个性别、3 个班级、2 种外语教学方法等。

3）观测值或观测变量，也即因变量（Dependent variable）：在每个因素水平之下收集到的样本数据，如农业生产中的农作物产量，又如外语学习中的学习效果。

4）随机误差（Random errors）：由各种随机因素所引起的误差，如抽样产生的误差[①]。

5）系统误差（Systematic differences）：由不同因素或系统性因素造成的误差，如在 3 个实验班实施不同的教学法所产生的教学效果的差异。

在外语教学研究中，我们把不同实验组之间得出的实验结果差异，如经实验后得出的阅读平均分或写作平均分的差异叫做组间（Between-groups）差异，把同一实验组内不同被试之间的成绩差异叫做组内（Within-groups）差异。组内差异只包含随机误差，而组间差异既包括随机误差，也包括系统误差。方差分析的目的就是要弄清楚某实验结果是由系统误差引起的，还是由随机误差引起的。如果是由系统误差引起的，就说明因素水平（自变量）对观测值（因变量）产生了影响，如在外语教学研究中，则可说明不同的教学法在不同的实验班产生了不同的教学效果。反之，如果是由随机误差引起的，就说明因素水平（自变量）对观测值（因变量）没有产生影响，也即不同的教学法在不同的实验班没有产生不同的教学效果。

方差分析首先检验总体之间的均值是否有显著性差异，然后判断因素水平（自变量）对观测值（因变量）是否产生影响。如在 3 个实验班采用不同的英语阅读教学法，实验结束后先检验 3 个班阅读考试平均成绩是否存在显著性差异，然后判断不同的英语阅读教学法对阅读理解考试成绩所产生的影响。

统计学原理告诉我们：组间均方与组内均方的比值构成 F 分布。根据给定的显著水平，与 F 分布统计量的概率 p 进行比较，然后推断总体的均值是否存在显著性差异。

在进行方差分析前，我们必须对观测变量各总体的分布作出三个基本假设：

---

① 前面提到的对北京高中毕业生的词汇量调查，每一次抽取的样本均值或偏高或偏低所造成的误差就属于这一类误差。

1）各总体应服从正态分布；

2）各总体的方差相等；

3）观测值是独立的。

7.2　单因素方差分析

单因素方差分析首先用于检验单一因素情况下多组样本来源的总体均值是否有显著性差异，然后判断这一因素（自变量）的不同水平对观测值（因变量）是否产生影响。如果各组之间有显著性差异，说明这个因素对因变量产生了影响，反之，影响也就不存在。

单因素方差分析将观测变量（因变量）总的离差平方和（Total sum of squares，或 SS_t）分解为组间离差平方和（Between-groups sum of squares，或 SS_b，通常采用 SS_a 表示由因素 A 引起的离差平方和）和组内离差平方和（Within-groups sum of squares/residual sum of squares/between-errors sum of squares，或 $SS_w/SS_r/SS_e$）两部分，其数学表达为：

$$SS_t = SS_a + SS_e$$

其中，组间离差平方和 SS_a 是由因素的不同水平引起的变差，组内离差平方和 SS_e 是由抽样误差引起的变差。然后，对这两部分进行比较：如果 $SS_a > SS_e$，说明因素或控制变量对观测变量产生了影响，如果 $SS_a < SS_e$，则说明因素或控制变量对观测变量没有产生影响，只是随机变量对观测变量产生了影响。

例如，在研究语块记忆对英语写作水平提高之影响的实验中，语块的记忆是因素，英语写作水平（实验后的写作成绩）是因变量，不同的语块记忆方法（如是带语境记忆还是不带语境记忆）是因素的水平。当采用不同的语块记忆方法所导致的写作成绩有显著性差异时，说明因素对观测变量（因变量）产生了影响。

方差分析的步骤与假设检验的步骤相似，所不同的是假设检验采用的是 Z 或 t 统计量，而方差分析采用的是 F 统计量。

第一步：提出原假设/零假设。假设不同的语块记忆方法对英语写作成绩不产生显著性影响，如因素有 k 个水平，每个水平的总体均值分别为 μ_1、μ_2，$\cdots$，μ_k，那么原假设/零假设就是：

$$H_0: \mu_1 = \mu_2 = \mu_3 = \cdots = \mu_k$$

备择假设就是：

$$H_1: \mu_1, \mu_2, \mu_3, \cdots, \mu_k \text{ 不全相等。}$$

第二步：选择检验统计量。如果零假设成立，则：

$$F = \frac{MSS_a}{MSS_e} = \frac{SS_a/(k-1)}{SS_e/(n-k)}$$

其中，MSS_a 为组间均方，MSS_e 为组内均方，k 为因素水平，n 为总样本量，$(k-1)$ 与 $(n-k)$ 分别为 SS_a 和 SS_e 的自由度。F 统计量服从 $(k-1,n-k)$ 个自由度的 F 分布。

第三步：计算统计量的观测值[①]及其发生的概率值，即 p 值。SPSS 软件将自动把相关数据代入上式进行 F 统计量计算。从上式我们可以看出：如果控制变量对观测变量造成了显著性影响，那么组间均方 MSS_a 大于组内均方 MSS_e，F 值显然大于 1。相反，如果控制变量没有对观测变量造成显著性影响，那么组间均方 MSS_a 小于组内均方 MSS_e，说明观测变量的变差是由随机变量造成的，在这种情况下，F 值将小于 1。

第四步：给定显著水平 α，然后作出统计推断。比较 p 与显著水平 α：如果 $p>\alpha$，零假设成立或接受零假设，即控制变量不同水平下观测变量各总体的均值无显著性差异，也即上述提到的不同的语块记忆方法对英语写作成绩不产生显著性影响；如果 $p<\alpha$，零假设不成立或拒绝零假设，即控制变量不同水平下观测变量各总体的均值存在显著性差异，也即不同的语块记忆方法对英语写作成绩产生了显著性影响。

下面我们用一个实例对上述步骤加以说明：

假定我们从北京、上海、天津、重庆四个直辖市分别随机抽出 10 个

---

① 方差分析的人工计算非常复杂，因此在这里我们就不像 t 检验那样一步一步计算了，接下来只采用 SPSS 软件直接计算并演示。

TOEFLiBT 考生的口语考试成绩，列表 7.1：

表 7.1　四个直辖市 TOEFLiBT 抽样考生的口语考试成绩

北京	上海	天津	重庆
17	25	24	21
19	27	22	24
25	25	16	17
22	25	21	20
18	24	20	17
24	21	18	22
26	17	23	24
23	19	25	23
24	23	21	20
26	24	22	21

问：这四个直辖市随机抽出来的考生的 TOEFLiBT 口语考试成绩是否有显著性差异？

－ 打开 SPSS 软件，输入数据。

－ 执行分析/比较平均值/单因素 ANOVA 检验（Analyze/Compare means/One-way ANOVA）命令，弹出单因素 ANOVA 检验对话框。

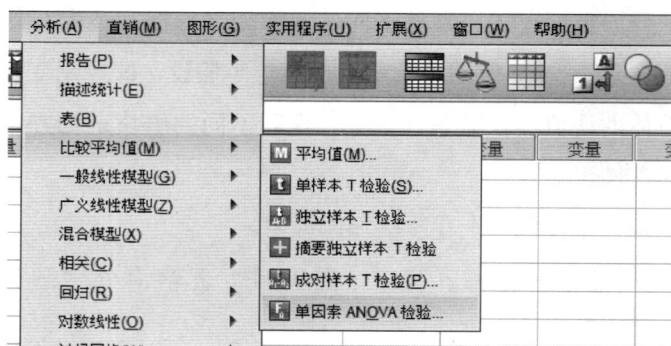

— 在该对话框中将"成绩"变量添加到因变量列表（Dependent list），再将"城市"变量添加到因素（Factor）列表，最后按"对比"（Contrasts）按钮，打开"单因素 ANOVA 检验：对比"（One-way ANOVA：Contrasts）对话框。

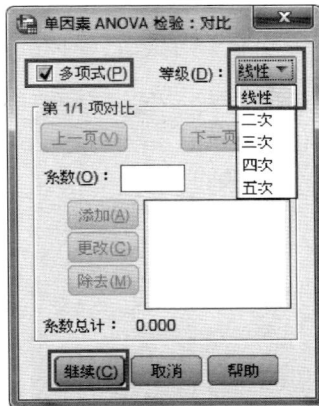

— 在此对话框中选"多项式"（Polynomial），并在右边的拉列表中选"线性"（Linear）作为线性分解，最后单击"继续"按钮，返回单因素 ANOVA 检验选择窗口。

— 在单因素 ANOVA 检验对话框中继续按"事后多重比较"（Post hoc multiple comparisons），弹出"单因素 ANOVA 检验：事后多重比较"对话框。在这个选择窗口选 LSD（最小显著差法）和 S-N-K（Q 检验），最后单击"继续"，返回单因素 ANOVA 检验对话框。

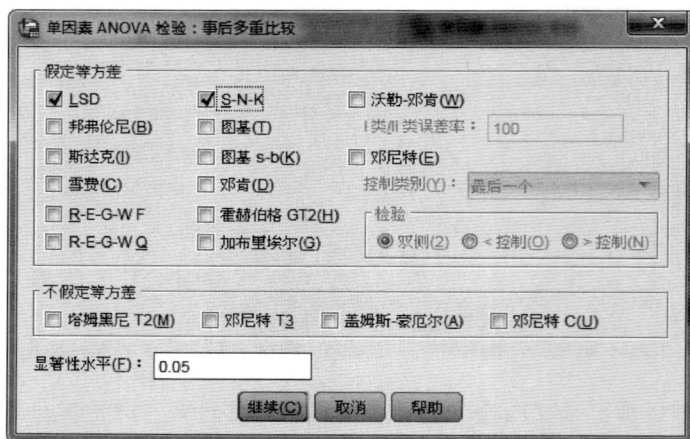

— 在"单因素 ANOVA 检验"选择窗口中单击"选项"（Options）按钮，弹出"单因素 ANOVA 检验：选项"对话框，此时选"方差齐性检验"（Homogeneity of variance test）和平均值图（Mean plot），最后单击"继续"。

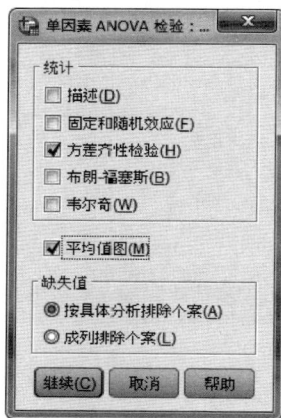

— 返回"单因素 ANOVA 检验"对话框，单击"确定"按钮，可弹出"输出结果"窗口。结果如下：

方差齐性检验

莱文统计	自由度1	自由度2	显著性
.505	3	36	.681

方差分析（ANOVA）结果

			平方和	自由度	均方	F 值	显著性
组间	（组合）		29.475	3	9.825	1.152	.341
	线性项	对比	1.125	1	1.125	.132	.719
		偏差	28.350	2	14.175	1.663	.204
组内			306.900	36	8.525		
总计			336.375	39			

事后多重比较

因变量：成绩

	(I) 城市	(J) 城市	均值差值 (I-J)	标准误差	显著性	95％置信区间	
						下限	上限
LSD	北京	重庆	1.500	1.306	.258	−1.15	4.15
		上海	−.600	1.306	.649	−3.25	2.05
		天津	1.200	1.306	.364	−1.45	3.85
	重庆	北京	−1.500	1.306	.258	−4.15	1.15
		上海	−2.100	1.306	.117	−4.75	.55
		天津	−.300	1.306	.820	−2.95	2.35
	上海	北京	.600	1.306	.649	−2.05	3.25
		重庆	2.100	1.306	.117	−.55	4.75
		天津	1.800	1.306	.177	−.85	4.45
	天津	北京	−1.200	1.306	.364	−3.85	1.45
		重庆	.300	1.306	.820	−2.35	2.95
		上海	−1.800	1.306	.177	−4.45	.85

成绩

	城市	个案数	Alpha 的子集＝0.05
			1
S-N-K[a]	重庆	10	20.90
	天津	10	21.20
	北京	10	22.40
	上海	10	23.00
	显著性		.387

将显示齐性子集中各个组的均值。

a. 使用调和均值样本大小＝10.000。

对于计算结果，我们主要是看"方差分析（ANOVA）结果"表。根据多数国际学术期刊传统的做法，我们把这个表简化并稍加调整，以便更直观地看出这个方差分析的结果：

方差分析（ANOVA）结果[①]

	自由度 df	平方和 SS	均方 MS	F 值	显著性
组间	3	29.475	9.825	$F_{3,36}=1.152$	.341
组内	36	306.900	8.525		
总计	39	336.375			

此表显示：F 值为 1.152，p 为 0.341，大于 α（0.05），因此我们接受零假设：这四个直辖市随机抽出来的考生的 TOEFLiBT 口语考试成绩没有显著性差异。

7.3 单因素重复测量方差分析

单因素重复测量方差分析有的书上称为随机方块/区组双向方差分析（Two-way ANOVA：randomized block design），有的书称为单因素组内（重复）测量设计方差分析（One-way ANOVA：within subjects design）。然而，不管叫什么，它与单因素方差分析一样，涉及的都只有一个因素，所不同的是：单因素方差分析是在一个因素下对几组实验对象进行比较，而单因素组内重复测量方差分析是在一个因素下只对一组实验对象进行重复测量，然后对测量的结果进行比较。

因此，在这种重复测量设计的方差分析中，总的离差平方和 SS_t 被分解为组间离差平方和 SS_a，被试之间的离差平方和 SS_s（Between-subjects sum of squares）和被试之内的离差平方和 SS_e（误差平方和）三部分。与单因素方差分析相比，原来的组内误差只有随机误差，而单因素组内重复测量方差分析的组内误差不仅包括随机误差 SS_e，而且还包括重复测量被试间差异 SS_s。这三

---

① 组间均方（MSS_a）$= \dfrac{29.475}{3} = 9.825$，组内均方（$MSS_e$）$= \dfrac{306.9}{36} = 8.525$，$F = \dfrac{9.825}{8.525} = 1.152$。

部分的数学表达为：

$$SS_t = SS_a + SS_s + SS_e$$

其中，SS_t 为总的离差平方和，SS_a 是由因素的不同水平引起的组间离差平方和，SS_s 是重复测量因被试之间的差异造成的组内离差平方和，SS_e 是减去 SS_s 后剩余的那部分组内离差平方和，即误差/残差平方和。

将 SS_a 与 SS_e 进行比较：如果 $SS_a > SS_e$，说明因素或控制变量对观测变量产生了影响，如果 $SS_a < SS_e$，则说明因素或控制变量对观测变量没有产生影响；将 SS_s 与 SS_e 进行比较：如果 $SS_s > SS_e$，说明重复测量被试之间的差异对观测变量产生了影响，如果 $SS_s < SS_e$，则这种影响不存在。

重复测量方差分析的步骤如下：

第一步：提出原假设/零假设。还是以 Hughes 和 Lascaratou（1981）的研究为例。但这回将 32 个从学生作文中抽出来的句子，由三组判卷人来判断学生错误的严重性，一组希腊的英语老师、一组操本族语的英语老师和一组操本族语的非英语老师（相当于对同一组，即 32 个句子进行了重复测量），以检验三组判卷人判断错误的均值是否存在显著性差异。如果每次测量的总体均值分别为 μ_1、μ_2 和 μ_3，那么原假设/零假设就是：

$$H_0: \mu_1 = \mu_2 = \mu_3$$

备择假设就是：

$$H_1: \mu_1, \mu_2, \mu_3 \text{ 不全相等。}$$

第二步：选择检验统计量。如果零假设成立，则：

$$F_a = \frac{MSS_a}{MSS_e} = \frac{SS_a/(k-1)}{SS_e/(k-1)(n-1)}$$

$$F_s = \frac{MSS_s}{MSS_e} = \frac{SS_s/(n-1)}{SS_e/(k-1)(n-1)}$$

其中，MSS_a 为组间均方、MSS_s 为被试（这里指句子）间均方、MSS_e 为被试（句子）内（误差）均方，n 为总样本量，$(k-1)$、$(n-1)$ 和 $(k-1)(n-1)$，分别为 SS_a，SS_s 和 SS_e 的自由度。F 统计量服从自由度为 $(k-1, n-1)$ 的 F 分布。

第三步：计算统计量的观测值及其发生的概率值，即 p 值。SPSS 软件将自动把相关数据代入上式进行 F 统计量计算。从上述二式我们可以看出：1）如果重复测试对观测变量造成了显著性影响，那么组间均方 MSS_a 大于误差均方 MSS_e，F 值显然大于 1。相反，如果重复测试没有对观测变量造成显著性影响，那么组间均方 MSS_a 小于误差均方 MSS_e，在这种情况下，F 值将小于 1。2）至于 MSS_s/MSS_e 的比值 F 是大于 1 还是小于 1，对于我们来说都不重要，因为我们重点考察的是三组判卷人对于学生错误严重性的判断是否有显著性差异。

第四步：给定显著性水平 α，然后作出统计推断。比较 p 与显著性水平 α：如果 $p>\alpha$，零假设成立或接受零假设，即重复测试各总体的均值无显著性差异，也即三组判卷人对于学生错误严重性的判断没有显著性差异；如果 $p<\alpha$，零假设不成立或拒绝零假设，即重复测试各总体的均值具有显著性差异，也即三组判卷人对于学生错误严重性的判断有显著性差异。

以下采用 SPSS 软件对该实例进行分析和操作演示。表 7.2 列出了三组判卷人（10 位希腊的英语老师、10 位操本族语的英语老师和 10 位操本族语的非英语老师）对学生 32 个英语句子错误严重性的评分。

表 7.2   三组判卷人对学生 32 个英语句子错误严重性的评分表[①]

英语句子	本族语英语老师	希腊英语老师	本族语非英语老师
1	22	36	32
2	16	19	18
3	32	29	36
4	25	35	27
5	31	34	32
6	36	33	37
7	29	25	26
8	24	31	20

---

①   为了使相关检验能顺利通过，我们对原始数据进行了微调，但这并不影响本节原理的阐述。

英语句子	本族语英语老师	希腊英语老师	本族语非英语老师
9	29	35	20
10	18	21	15
11	23	33	21
12	22	23	29
13	31	32	35
14	21	29	23
15	27	25	24
16	32	27	29
17	23	39	28
18	18	19	16
19	30	28	29
20	31	31	22
21	20	25	22
22	21	17	26
23	29	26	43
24	22	37	41
25	26	34	22
26	15	28	19
27	29	35	30
28	18	24	17
29	23	37	25
30	25	33	25
31	21	29	28
32	17	20	14

来源：Woods *et al*.（2000：201）。

问：这三组判卷人对于学生错误严重性的判断是否有显著性差异？

- 打开 SPSS 软件，输入数据。

- 执行分析/一般线性模型/重复度量命令，弹出重复度量对话框。

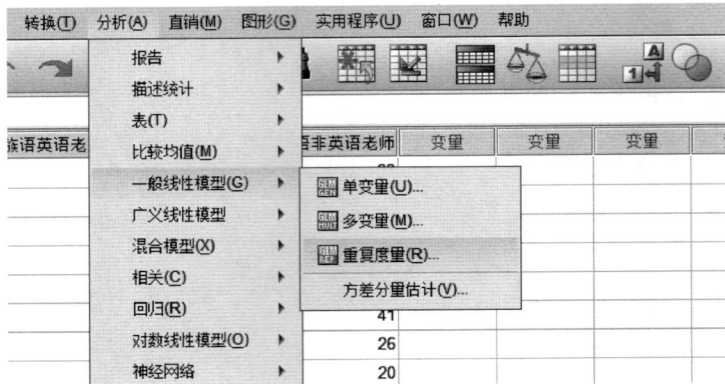

- 在该对话框中将级别数输入"3"，点击"添加"按钮，最后按"定义（Define）"按钮，打开"重复度量"对话框。

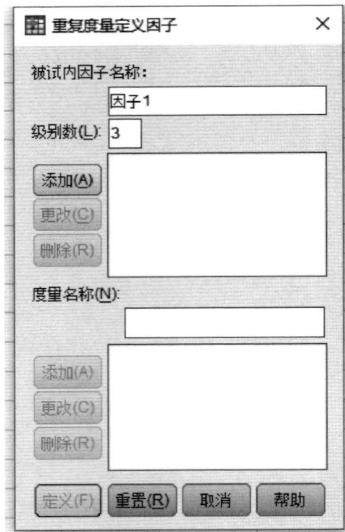

- 将"本族语英语老师""希腊英语老师""本族语非英语老师"选入"群体内部变量（Intra-group variable）"。

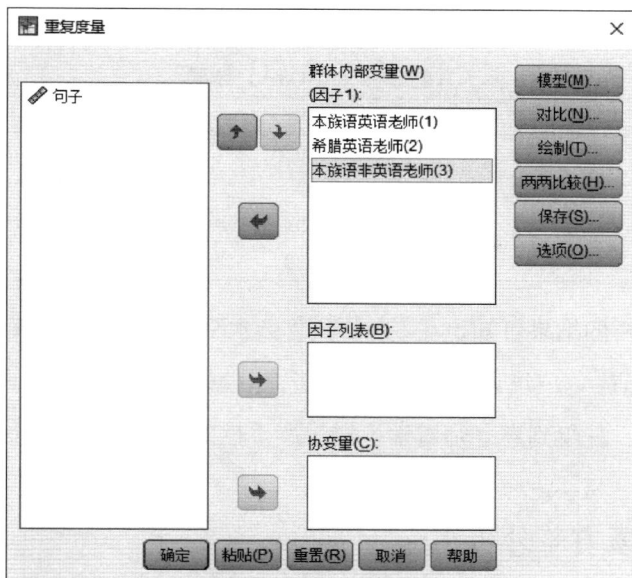

- 点击右侧"模型"按钮，选择"全因子"模型，点击"继续"按钮。

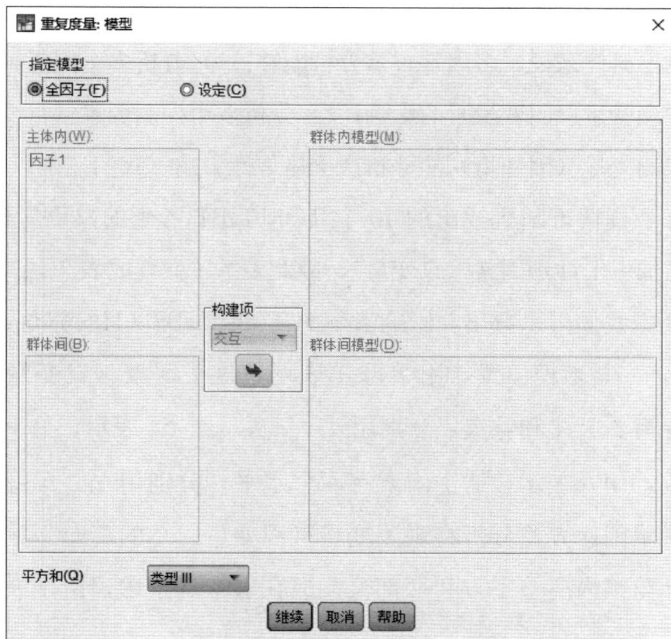

- 返回"重复度量"对话框，单击"确定"按钮，可弹出"输出结果"窗口。

结果如下：

方差分析（ANOVA）结果

误差来源	自由度 df	平方和 SS	均方 MS	F 值
组内	31	2 409.292	77.719	$F_{31,62}=3.324$
组间	2	167.073	83.537	$F_{2,62}=3.573$
残差	62	1 449.593	23.381	
总和	95	4 025.958		

由方差分析的结果可知，在 5% 的显著性水平下，F 统计量为 3.324，大于 $F_{(31,62)}$ 的临界值[①]，F 统计量 3.573，大于 $F_{(2,62)}$ 的临界值[②]，因此拒绝零假设，接受被择假设：三组判卷老师对学生错误严重性的判断具有显著性差异。

7.4 多因素方差分析

多因素方差分析与单因素方差分析的原理相似，所不同的是多因素方差分析考虑了两个或两个以上因素（自变量）的不同水平对观测变量（因变量）是否产生显著性影响。具体来说，多因素方差分析能够：1）分析多个因素（自变量）的不同水平对观测变量（因变量）的影响；2）分析多个控制因素（自变量）的交互作用是否对观测变量（因变量）的分布产生显著性影响。我们还是以北京、上海、天津、重庆每个直辖市随机抽出的 10 个 TOEFLiBT 考生的口语考试成绩为例，但现在我们增加一个性别因素（自变量），因此表 7.1 就变成表 7.3：

从表 7.3 中我们可以看出，影响考生的 TOEFLiBT 口语考试成绩有两个因素（自变量），一是地理位置，用字母 a 表示，这个因素（自变量）有 4 个水平：北京、上海、天津和重庆，分别用 a_1，a_2，a_3，a_4 表示。另一个因素（自变量）是性别，用 b 表示，这个因素有两个水平，分别用 b_1、b_2 表示。在 7.2 节中，我们说单因素方差分析将观测变量（因变量）总的离差平方和分解为组间离差平方和与组内离差平方和两部分。但在这个例子中，由于涉及的是两个

---

① 附录 1 表 8 的 F 分布百分点（a）中只能查找 $F_{(24,60)}$ 的临界值，为 1.70，而 $F_{(30,60)}$ 小于这个值，为 1.65（林连书，2001：199）。

② $F_{(2,60)}=3.15$。

因素，即地理位置和性别，因此应该将观测变量（因变量）总的离差平方和（Total sum of squares，或 SS_t）分解为由因素 a 引起的组间离差平方和（Between-groups sum of squares，或 SS_a）、由因素 b 引起的组间离差平方和（Between-groups sum of squares，或 SS_b）、由 a 和 b 两个变量的交互作用引起的离差平方和（Interaction between location and sex，或 $SS_{a \times b}$）和误差平方和（Residual sum of squares，或 SS_e）四部分，其数学表达为：

表 7.3　按城市和性别分四个直辖市 TOEFLiBT 考生的口语考试成绩

性别	地理位置				
	北京（1）	上海（2）	天津（3）	重庆（4）	总计
男性（1）	17	25	24	21	
	19	27	22	24	
	25	25	16	17	
	22	25	21	20	
	18	24	20	17	
小计	101	126	103	99	429
女性（2）	24	21	18	22	
	26	17	23	24	
	23	19	25	23	
	24	23	21	20	
	26	24	22	21	
小计	123	104	109	110	446
总计	224	230	212	209	875

$$SS_t = SS_a + SS_b + SS_{a \times b} + SS_e$$

其中，组间离差平方和 SS_a 和 SS_b 分别是由因素 a 和 b 引起的变差，交互作用离差平方和 $SS_{a \times b}$ 是由 a 和 b 两个因素的交互作用引起的变差，误差平方和 SS_e 是由抽样误差引起的变差。然后，对这几部分进行比较：如果 $SS_a >$ SS_e，说明因素 a（不考虑因素 b）对观测变量产生了影响，如果 $SS_a < SS_e$，则说明因素 a 对观测变量没有产生影响；如果 $SS_b > SS_e$，说明因素 b（不考虑

因素 a）对观测变量产生了影响，如果 $SS_b < SS_e$，则说明因素 b 对观测变量没有产生影响；如果 $SS_{a \times b} > SS_e$，说明 a、b 两个因素的交互作用对观测变量产生了影响，如果 $SS_{a \times b} < SS_e$，则说明 a、b 两个因素的交互作用对观测变量没有产生影响。这里的 SS_a 和 SS_b 称为主效应（Main effect），$SS_{a \times b}$ 称为交互效应（Interactions）。

多因素方差分析的步骤与单因素方差分析的步骤相似，其具体步骤为：

第一步：提出原假设/零假设。

1）假设不同直辖市考生 TOEFLiBT 的口语考试成绩均值没有显著性差异：

$$H_0: \mu_{a1} = \mu_{a2} = \mu_{a3} = \mu_{a4}$$

备择假设：

$$H_1: \mu_{a1}, \mu_{a2}, \mu_{a3}, \mu_{a4} \text{不全相等}$$

2）不同性别考生 TOEFLiBT 的口语考试成绩均值没有显著性差异：

$$H_0: \mu_{b1} = \mu_{b2}$$

备择假设：

$$H_1: \mu_{b1} \neq \mu_{b2}$$

3）因素 a 和因素 b 没有相互作用，即因素 a 和因素 b 的交互作用没有对观测变量产生显著性影响。

第二步：选择检验统计量。如果零假设成立，则：

$$F_a = \frac{MSS_a}{MSS_e} = \frac{SS_a/(a-1)}{SS_e ab(n-1)}$$

$$F_b = \frac{MSS_b}{MSS_e} = \frac{SS_b/(b-1)}{SS_e ab(n-1)}$$

$$F_{a \times b} = \frac{MSS_{a \times b}}{MSS_e} = \frac{SS_{a \times b}/(a-1)(b-1)}{SS_e ab(n-1)}$$

其中，MSS_a 为由因素 a 引起的组间均方，MSS_b 为由因素 b 引起的组间均方，$MSS_{a \times b}$ 为两个变量 a、b 的交互作用引起的均方，MSS_e 为误差均方，n 为每组的样本量，$(a-1)$、$(b-1)$、$(a-1)(b-1)$ 与 $ab(n-1)$ 分别为 SS_a、SS_b、$SS_{a \times b}$ 和 SS_e 的自由度。

第三步：计算统计量的观测值及其发生的概率值，即 p 值。SPSS 软件将自动把相关数据代入上式进行 F 统计量计算。从上式我们可以看出：1）如果控制变量对观测变量造成了显著性影响，那么由因素 a 引起的组间均方 MSS_a 将大于误差均方 MSS_e，同理，由因素 b 引起的组间均方 MSS_b 将大于误差均方 MSS_e，F 值显著大于 1。相反，如果控制变量没有对观测变量造成显著性影响，那么组间均方 MSS_a 或 MSS_b 将小于组内均方 MSS_e，F 值显著小于 1。2）如果 a、b 两个因素产生了交互效应，那么交互均方 $MSS_{a \times b}$ 将大于误差均方 MSS_e，F 值显著大于 1，否则交互均方 $MSS_{a \times b}$ 将小于误差均方 MSS_e，F 值显著小于 1。

第四步：给定显著性水平 α，然后作出统计推断。依次比较计算出来的各个 F 统计量的概率 p 值与显著水平 α：如果 F_a 的概率 $p > \alpha$，零假设成立或接受零假设，即控制变量 a 的不同水平下观测变量各总体的均值无显著性差异，就上述例子而言，不同直辖市考生 TOEFLiBT 的口语考试成绩均值没有显著性差异；如果 F_a 的概率 $p < \alpha$，零假设不成立或拒绝零假设，即控制变量不同水平下观测变量各总体的均值存在显著性差异，也就是说不同直辖市考生 TOEFLiBT 的口语考试成绩均值具有显著性差异。对控制变量 b，以及 a、b 的交互效应的推断同理。

下面我们将表 7.3 数据输入 SPSS 软件，并将其步骤演示如下：

– 打开 SPSS 软件，输入数据。

– 执行分析/一般线性模型/单变量（Analyze/General linear model/Univariate）命令，弹出"单变量"对话框。

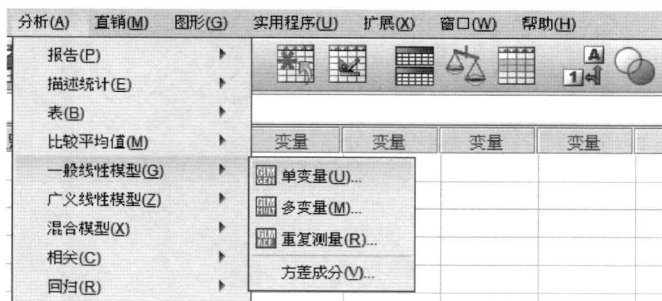

– 在"单变量"对话框中将"成绩"添加到因变量列表，再将"性别"和"城市"添加到固定因子列表，添加后按"选项"按钮，弹出"单变量：选项"对话框。

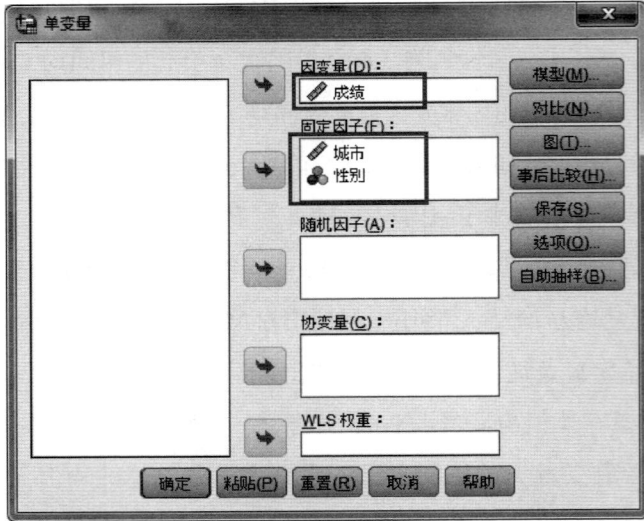

— 在选项对话框，选"齐性检验"（Homogeneity test），再单击"继续"，返回单变量对话框，然后单击"事后比较"（Post hoc）按钮打开遮盖对话框。

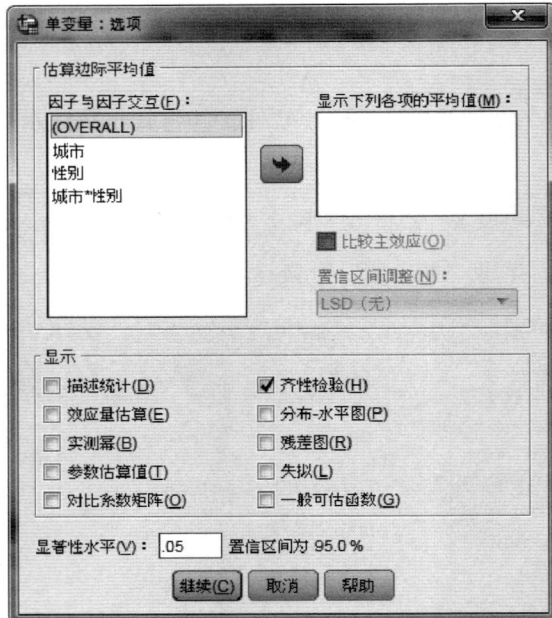

— 在"单变量：事后多重比较"对话框，将"城市"添加到右边的列表，再选 LSD 和 S-N-K，然后单击"继续"，返回"单变量"对话框。

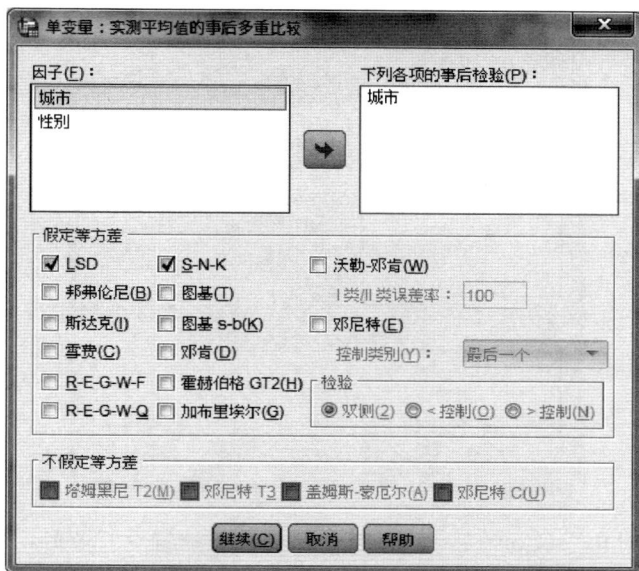

— 单击"模型"（Model）按钮，打开模型对话框，再选"全因子"（Full factorial）和"在模型中包括截距"（Include intercept in model）。

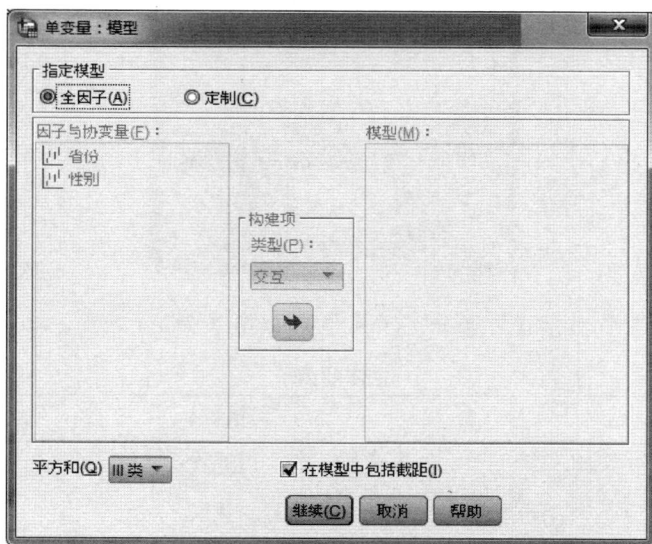

— 返回"单变量"选择窗口，按"图"（Plots），弹出图对话框。在此选择窗口中，将"性别"添加到"水平抽"（Horizontal axis）和将"城市"添加到"单独的线条"（Separate lines），再按"添加"按钮，最后单击"继续"返回单

变量对话框；

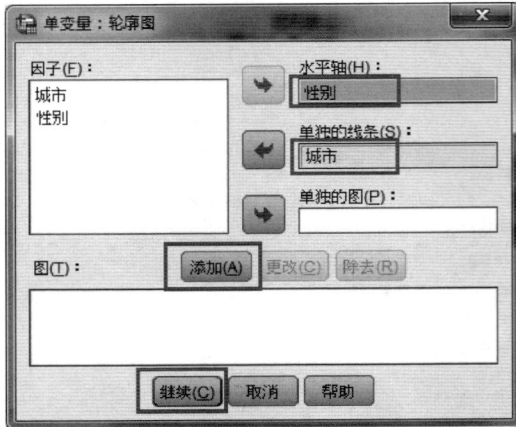

－单击"对比"（Contrasts）按钮打开对比选择窗口，此时，在"对比"的拉列表中选"简单"（Simple），然后按"变化量"（Change）和"继续"。

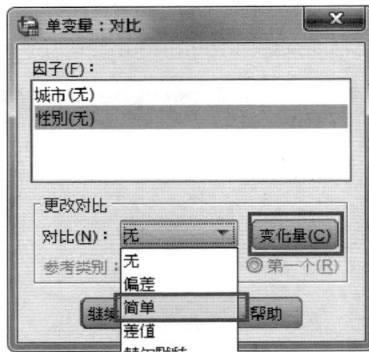

－返回单变量对话框，单击"确定"弹出结果如下：

主体间因子

		值标签	个案数
城市	1	北京	10
	2	重庆	10
	3	上海	10
	4	天津	10
性别	1	男	20
	2	女	20

主体间效应检验

因变量：成绩

源	III 类平方和	自由度	均方	F 值	显著性
修正模型	141.975[a]	7	20.282	3.339	.009
截距	19 140.625	1	19 140.625	3 150.720	.000
城市	29.475	3	9.825	1.617	.205
性别	7.225	1	7.225	1.189	.284
城市 * 性别	105.275	3	35.092	5.776	.003
误差	194.400	32	6.075		
总计	19 477.000	40			
修正后总计	336.375	39			

a. R 方＝.422（调整后 R 方＝.296）

对比结果（K 矩阵）

对上述"主体间效应检验"表简化并重整如下：

方差分析（ANOVA）结果[①]

	自由度 df	平方和 SS	均方 MS	F 值	显著性
城市	3	29.475	9.825	$F_{3,32}＝1.617$	0.205
性别	1	7.225	7.225	$F_{1,32}＝1.189$	0.284
城市 * 性别	3	105.275	35.092	$F_{3,32}＝5.776$	0.003
残差	32	194.4	6.075		
总计	39	336.375			

从多因素方差分析（ANOVA）结果表我们可以看出，在城市因素方面 $p＞\alpha(0.205＞0.05)$，因此我们接受零假设（1）：不同直辖市考生 TOEFLiBT 的口语考试成绩均值没有显著性差异，这与前面 7.2 节得出的结果是一致的；在性别因素方面 $p＞\alpha(0.284＞0.05)$，因此我们也要接受零假设（2）：不同直辖市不同性别考生 TOEFLiBT 的口语考试成绩均值没有显著性差异；在城市×

---

① 城市均方 $(MSS_a)＝\dfrac{29.475}{3}＝9.825$，性别均方 $(MSS_e)＝\dfrac{7.225}{1}＝7.225$，城市×性别均方 $(MSS_{a×b})＝\dfrac{105.275}{3}＝35.092$，$F_{城市}＝\dfrac{9.825}{6.075}＝1.617$，$F_{性别}＝\dfrac{7.225}{6.075}＝1.189$，$F_{城市×性别}＝\dfrac{35.092}{6.075}＝5.776$。

性别方面 $p<\alpha$（0.003＜0.05），因此我们拒绝零假设（3）：因素 a 和因素 b 没有相互作用，接受备择假设：因素 a 和因素 b 具有相互作用，即因素 a 和因素 b 的交互作用对观测变量产生了显著性影响。

其实，我们从表 7.3 也可以看出：在考虑性别的差异时，我们发现不同直辖市的考生 TOEFLiBT 的口语考试成绩均值是有差异的。如北京男考生的总分是 101 分（平均分是 $101\div5=20.2$ 分），而女考生却达到了 123 分（平均分是 $123\div5=24.6$ 分）。重庆的情况也类似。上海的情况正好相反，男生的总分达到了 126 分（平均分是 $126\div5=25.2$ 分），女生却只有 104 分（平均分是 $104\div5=20.8$ 分）。天津的男女考生平均分不差上下。

此外，从以下的事后多重比较（Post hoc test）我们也可以看出，不同直辖市考生 TOEFLiBT 的口语考试成绩均值也是没有显著性差异的。

事后多重比较（Post hoc test）

因变量：成绩

	（I）城市	（J）城市	均值差值（I-J）	标准误差	显著性	95％置信区间 下限	上限
LSD	北京	重庆	1.50	1.102	.183	−.75	3.75
		上海	−.60	1.102	.590	−2.85	1.65
		天津	1.20	1.102	.284	−1.05	3.45
	重庆	北京	−1.50	1.102	.183	−3.75	.75
		上海	−2.10	1.102	.066	−4.35	.15
		天津	−.30	1.102	.787	−2.55	1.95
	上海	北京	.60	1.102	.590	−1.65	2.85
		重庆	2.10	1.102	.066	−.15	4.35
		天津	1.80	1.102	.112	−.45	4.05
	天津	北京	−1.20	1.102	.284	−3.45	1.05
		重庆	.30	1.102	.787	−1.95	2.55
		上海	−1.80	1.102	.112	−4.05	.45

基于实测均值。
误差项是均方（误差）＝6.075。

练习与实例操作

1. 什么是方差分析？为什么检验两组以上数据均值的显著性差异要采用方差分析？

2. 以下是从 A、B、C、D 四个城市分别随机抽出的 10 个 TOEFLiBT 考生的口语考试成绩，列表如下：

四个城市 TOEFLiBT 抽样考生的口语考试成绩

A	B	C	D
16	17	24	19
18	19	22	20
20	22	21	20
21	20	24	17
22	21	20	17
20	18	18	20
22	20	20	21
21	22	23	22
22	21	24	18
24	23	21	19

1）请采用 SPSS 软件计算，然后用简化 ANOVA 表表示计算结果；

2）问：从这四个城市随机抽出来的考生的 TOEFLiBT 口语考试成绩是否有显著性差异？

3. 以下表格是三组老师（每组 3 人）对 30 个学生的英语专业四级写作模拟考试的评分。

学生	A 组	B 组	C 组
1	12	11	12
2	13	12	13
3	12	12	12
4	14	15	15
5	11	11	11
6	13	13	14
7	15	14	15
8	16	16	16
9	14	15	14
10	12	13	13
11	11	11	11
12	14	14	14
13	15	14	15
14	16	15	16
15	13	13	12
16	14	14	13
17	12	12	12
18	15	15	15
19	14	13	14
20	14	15	15
21	13	13	13
22	15	15	15
23	14	14	13
24	13	14	14
25	14	13	14
26	14	15	14
27	13	13	12
28	15	15	14
29	14	15	14
30	11	12	11

三组老师对 30 个学生的英专四级写作模拟考试评分表

1）请采用 SPSS 软件计算，然后用简化 ANOVA 表表示计算结果；

2）这三组判卷人对 30 个学生的写作模拟考试的评分是否有显著性差异？

4. 假如我们把第 2 题的表按城市和性别交叉分类制成下表：

四个城市 TOEFLiBT 抽样考生按城市和性别分类的口语考试成绩

性别	城市				
	A	B	C	D	总计
男性（1）	16	17	21	20	
	21	19	20	20	
	22	22	18	21	
	22	20	20	22	
	22	21	21	19	
小计	103	99	100	102	404
女性（2）	18	18	24	19	
	20	20	22	17	
	20	22	24	17	
	21	21	23	20	
	24	23	24	18	
小计	103	104	117	91	415
总计	206	203	217	193	819

（1）请采用 SPSS 软件计算，然后用简化 ANOVA 表表示计算结果；

（2）问：

1）不同城市考生 TOEFLiBT 的口语考试成绩均值有没有显著性差异？

2）不同性别考生 TOEFLiBT 的口语考试成绩均值有没有显著性差异？

3）因素 a 和因素 b 有没有相互作用，即城市因素和性别因素的交互作用有没有对观测变量产生显著性影响？

第 8 章

SPSS 的非参数检验

前面我们涉及的是参数检验（Parametric test），是在总体分布已知或假定总体分布形态的情况下，对总体的参数，即总体的均值和方差，进行估计和检验。然而在实际应用中，我们不一定知道或者不能简单地假设总体的分布类型。在这种情况下，参数检验就不能给我们提供帮助了，我们必须进行非参数检验（Nonparametric test）。具体而言，非参数检验就是通过采用样本数据对总体的分布形态等进行推断和检验的统计方法，在推断过程中不涉及总体参数（因此而得名），只适用于用频数表示的数据（林连书，引自 Woods *et al.*，2000：F26）。

非参数检验一般分为两类，一类用于检验分布的类型，即检验所取样本的总体是否符合已知的某个概率分布，这种检验方法也叫做拟合优度检验（Goodness-of-fit test），包括卡方检验（Chi-squared test）、二项分布检验（Binomial test）、游程检验（Runs test）和单样本 Kolmogorov-Smirnov 检验（One-sample K-S test）。另一类用于检验分布的位置，即检验所取样本的总体的分布位置或形状是否相同，包括两独立样本检验（Two-independent samples test）、多独立样本检验（K-independent samples test）、两相关样本检验（Two-related samples test）和多相关样本检验（K-related samples test）。

本章将主要介绍卡方检验（Chi-Squared test 或 χ^2 test）。

8.1　卡方检验的基本概念

卡方检验又称为卡方拟合优度检验（Chi-squared goodness-of-fit test），主

要用于将收集到的数据按频数分组后：1）检验频数的分布是否与某个概率分布相拟合（Goodness of fit）。如在一次对 73 名英语专业大三和大四学生关于语音纠正性反馈（Corrective feedback）的调查研究中，研究者在问卷里采用 Likert Scale 设计了这么一个问题："老师是否应该为英语专业高年级学生提供语音的纠正性反馈?"问题有 5 个选项（Huang & Jia，2016），每个选项都有一个频数。如果要检验这些频数的分布是否与某一种概率分布相拟合，就可以采用卡方检验（χ^2 test）。2）检验变量间的相互独立性（Testing the model of independence）。如在 Ferris & Politzer(1981) 的研究中，他们考察了具有两种语言背景的两组学生[①]的英语写作能力是否与他们的早期教育有关，或是否与他们的早期教育相互独立的（Woods et al.，2000），这也可以采用卡方检验。

那么，卡方检验的基本原理是：假设总体 X 服从某种分布，对来自于总体的样本值落在总体 X 的各个区间（Class intervals）的观察频数与总体卡方落在该区间的期望频数的差值所构造的服从卡方分布的 Pearson 统计量进行估计。这个统计量的数学定义是：

$$\chi^2 = \sum \frac{(O-E)^2}{E}$$

其中 O 表示观察频数（Observed frequency），在上述语音纠正性反馈的调查研究中有 5 个选项，就会有 5 个观察频数，所以有 5 个 O（O_1、O_2、O_3、O_4、O_5），为了读者与 Woods et al.（2000）配套学习，我们在此就不使用下标了。E 表示期望频数（Expected frequency）。

Pearson 统计量服从 $k-1$ 的卡方分布，其中 k 是平方和的个数，在这个例子中 $k=5$。该例子的零假设是：学生对语音纠正性反馈的看法没有差异。从上式我们可以看出，当 χ^2 较大时，说明观察频数与期望频数差别较大，如在某个显著性水平上（5% 或 1%）大于临界值，我们就可以拒绝零假设，即学生对语音纠正性反馈的看法是有差异的；当 χ^2 较小时，说明观察频数与期望频数差别

---

① A 组出生于美国，接受用英语传授的教育，B 组出生于墨西哥，早期接受用西班牙语传授的教育，后来移民到了美国，接受用英语传授的教育。

不大，如在某个显著性水平上（5％或1％）小于临界值，我们就可以接受零假设，即学生对语音纠正性反馈的看法是没有差异的。

换句话说，如果 χ^2 的概率 p 值小于显著性水平 α，则应拒绝零假设，说明抽取样本的总体的分布与某一期望的概率分布有差异；反过来如果 χ^2 的概率 p 值大于显著水平 α，则不能拒绝零假设，而应接受零假设，说明抽取样本的总体的分布与某一期望的概率分布无显著差异。

8.2 拟合度检验

所谓拟合度检验就是上述第一种情况，即检验某一研究中所收集到的一组频数的分布是否与某个概率分布相拟合。例如：上述在对 73 名英语专业大三、大四学生关于语音纠正性反馈的问卷调查研究中，就"老师是否应该为英语专业高年级学生提供语音的纠正性反馈？"这个问题，研究者采用的是 Likert Scale，设计了 5 个选项，分别是：A＝Strongly disagree、B＝Disagree、C＝I don't know、D＝Agree、E＝Strongly agree[①]，每一个选项都会有一个频数。如在 73 个学生中选 A 的是 6 人，选 B 的是 7 人，选 C 的是 9 人，选 D 的是 36 人，选 E 的是 15 人。问：这个问卷题频数的分布与某一概率的理论分布是否有差异？其检验的步骤如下：

第一步：提出零假设 H_0：这个问卷题频数的分布与某一概率的理论分布没有差异，即观察频数的分布与期望频数的分布没有差异。

第二步：将观察频数、期望频数制成表。根据零假设：观察频数的分布与期望频数的分布一致，而期望频数的分布为：各选项占 73 的 1/5：选 A，B，C，D，E 的人的频数都是 14.6。统计学原理表明这个函数服从于自由度为 $k-1$ 的卡方分布，其中 k 为平方和的个数，此列中 $k=5$，故 $df=5-1=4$。于是，将观察频数和期望频数列表 8.1：

---

① 选项也可以反过来，即 A＝Strongly agree、B＝Agree、C＝I don't know、D＝Disagree、E＝Strongly disagree，这取决于题目的需要和研究者的偏好。

表 8.1　语音的纠正性反馈观察频数和期望频数表

	观察频数	期望频数
选项 A	6	14.6
选项 B	7	14.6
选项 C	9	14.6
选项 D	36	14.6
选项 E	15	14.6

第三步：根据下面的公式计算统计量 χ^2：

$$\chi^2 = \sum \frac{(O-E)^2}{E}$$

$$\chi^2 = \frac{(6-14.6)^2}{14.6} + \frac{(7-14.6)^2}{14.6} + \frac{(9-14.6)^2}{14.6}$$

$$+ \frac{(36-14.6)^2}{14.6} + \frac{(15-14.6)^2}{14.6}$$

$$= 5.07 + 3.96 + 2.15 + 31.37 + 0.01$$

$$= 42.56$$

如果我们把这个计算过程列成表就更清楚了（表 8.2）：

表 8.2　语音的纠正性反馈观察频数分布和期望频数分布是否有差异计算过程表

观察频数 （o_i）	期望频数 （e_i）	差异 （$o_i - e_i$）	$(o_i - e_i)^2$	相对差异 $\dfrac{(o_i - e_i)^2}{e_i}$
6	14.6	−8.6	73.96	5.07
7	14.6	−7.6	57.76	3.96
9	14.6	−5.6	31.36	2.15
36	14.6	21.4	457.96	31.37
15	14.6	0.4	0.16	0.01
			总差异（Total deviance）=42.56	

第四步：确定适当的显著水平 α，然后作出统计推断。查自由度为 $df = k-1$ 的 χ^2 概率分布表。本例中显著水平 $\alpha = 0.01$，$df = 5-1 = 4$，查附录 1 表 5 得知 χ^2 临界值（Critical value）是 $\chi^2_{(4,0.01)} = 13.3$，即统计量（Test statistic）

42.56 大于 13.3 的临界值。因此我们可以推翻零假设：这个问卷题频数的分布与某一概率的理论分布有差异，也即观察频数的分布与期望频数的分布有差异。

下面我们将表 8.2 数据输入 SPSS 软件，并将其步骤演示如下：

- 打开 SPSS 软件，输入数据（注意选项 A＝1，选项 B＝2，选项 C＝3，选项 D＝4，选项 E＝5）。

- 执行数据/个案加权（Data/Weight cases）命令，弹出"个案加权"对话框。

- 在该对话框中单击"个案加权系数"（Weight cases by）单选按钮，然后将"人数"变量添加到"频率变量"列表框中，最后单击"确定"（OK）返回数据剪辑窗口。

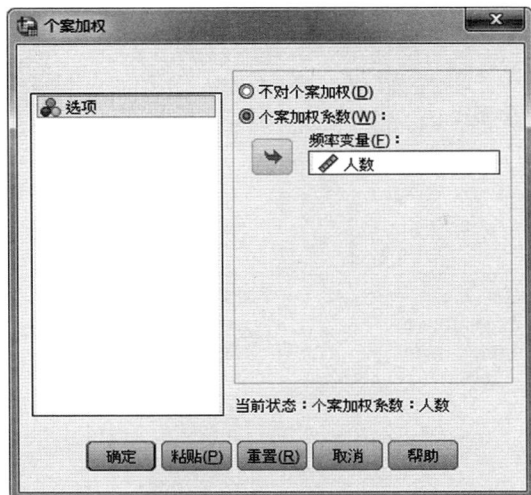

－执行分析/非参数检验/旧对话框/卡方（Analyze/Nonparametric/Legacy dialogs/Chisquare）命令，弹出"卡方检验"对话框。

－将"选项"变量从左侧的列表添加到右侧的"检验变量列表"（Test variable list），并且在"期望值"选项，单击"值"（Values）单选按钮，同时输入比例（对这个例子来说，输入1：1：1：1：1），最后按"确定"（OK）。

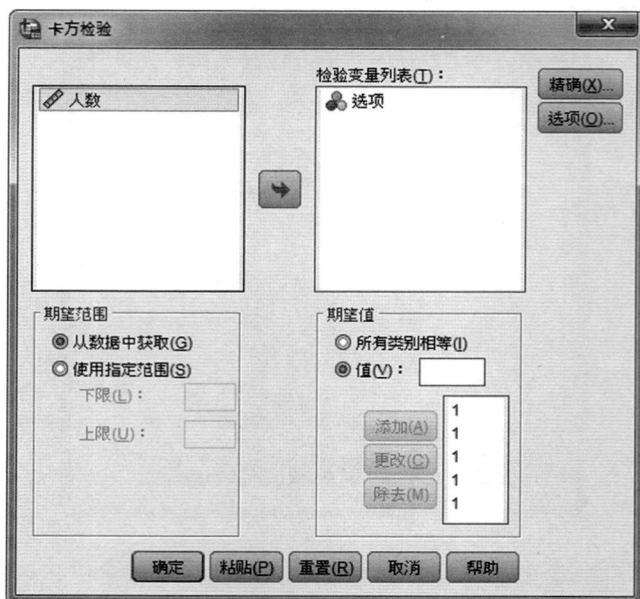

结果如下:

选项	实测个案数	期望个案数	残差
A	6	14.6	−8.6
B	7	14.6	−7.6
C	9	14.6	−5.6
D	36	14.6	21.4
E	15	14.6	.4
总计	73		

检验统计

	选项
卡方	42.548[a]
自由度	4
渐近显著性	.000

a. 0 个单元格（0.0%）的期望频率低于 5。期望的最低单元格频率为 4.6。

从表中我们可以得知：$p < \alpha$（$0.000 < 0.05$），因此结论与手工计算的一样：我们推翻零假设：这个问卷题频数的分布与某一概率的理论分布有差异，即观

察频数的分布与期望频数的分布有差异。

我们再举一个例子。某校英语专业 110 个学生参加了当年的专业四级考试，其英语成绩的分布如表 8.3：

表 8.3　110 个学生专四考试成绩频数表

分数段	观察频数	Z 分数段 $Z=\dfrac{X-50}{10}$	期望频率	期望频数
30 以下	1 ⎫	−2.0	0.023	2.5 ⎫
30～35	4 ⎭ 5	−2.0～−1.5	0.044	4.8 ⎭ 7.3
35～40	6	−1.5～−1.0	0.092	10.1
40～45	7	−1.0～−0.5	0.150	16.5
45～50	9	−0.5～0.0	0.192	21.1
50～55	13	0.0～0.5	0.192	21.1
55～60	20	0.5～1.0	0.150	16.5
60～65	23	1.0～1.5	0.092	10.1
65～70	16 ⎫	1.5～2.0	0.044	4.8 ⎫
70 以上	11 ⎭ 27	2.0	0.023	2.5 ⎭ 7.3

问：这些学生分数的分布是否与平均分为 50，标准差为 10 的正态分布相拟合？

根据上述四个步骤，我们首先应该提出零假设 H_0：这些学生的分数的分布与平均分为 50、标准差为 10 的正态分布没有差异，即相拟合。然后我们将期望频数及其计算过程列入表 8.4 中。值得注意的是：使用 χ^2 检验法要求每个区间的期望频数不能少于 5，因此，我们将小于 5 的分数段合并，同时将 χ^2 的统计量计算过程列表如下：

查自由度为 $df=k-1$ 的 χ^2 概率分布表。本例中显著水平 $\alpha=0.01$，$df=8-1=7$，查附录 1 表 6 得知 χ^2 临界值是 $\chi^2_{(7,0.01)}=18.5$，也即统计量 88.28 大于 18.5 的临界值。因此我们可以推翻零假设：这些学生的分数的分布与平均分为 50、标准差为 10 的正态分布有差异，即不拟合。事实上，如果我们将表 8.3 或表 8.4 中的观察频数和期望频数两栏进行对比，也可以发现观察频数和期望频数的分布是不一样的。也就是说，该校学生的分数普遍高于平均分的 50 分，甚至高于 60 分。

表 8.4　检验某校英语专业专四考试分数分布是否与
正态分布相拟合的 χ^2 的统计量计算过程表

观察频数 (o_i)	期望频数 (e_i)	差异 (o_i-e_i)	$(o_i-e_i)^2$	相对差异 $\dfrac{(o_i-e_i)^2}{e_i}$
5	7.3	−2.3	5.29	0.72
6	10.1	−4.1	16.81	1.66
7	16.5	−9.5	90.25	5.47
9	21.1	−12.1	146.41	6.94
13	21.1	−8.1	65.61	3.11
20	16.5	3.5	12.25	0.74
23	10.1	12.9	166.41	16.48
27	7.3	19.7	388.09	53.16
			总差异（Total deviance）=88.28	

采用 SPSS 24.0 进行检验，步骤跟上例中的步骤一样，结果如下：

成绩

	实测个案数	期望个案数	残差
35 以下	5	7.3	−2.3
35～40	6	10.1	−4.1
40～45	7	16.5	−9.5
45～50	9	21.1	−12.1
50～55	13	21.1	−8.1
55～60	20	16.5	3.5
60～65	23	10.1	12.9
65 以上	27	7.3	19.7
总计	110		

检验统计结果

	成绩
卡方	88.289[a]
自由度	7
渐近显著性	.000

a. 0 个单元格（0.0%）的期望频率低于 5。期望的最低单元格频率为 7。

由表中的 $p < \alpha$（0.000 < 0.05）的结果，我们推翻零假设，并得出同样的结果：这些学生的分数的分布与平均分为 50、标准差为 10 的正态分布有差异。

8.3 独立性检验

独立性检验主要用来检验两个因素是否具有独立性（Independence）。如果不具有独立性，那就是具有关联性（Association）（林连书，2001）。例如，某大学对学生参加各类英语比赛的倾向性进行了调查，其结果列表如表 8.5：

表 8.5 学生参加各类英语比赛倾向性的观察频数表

性别	各类英语比赛				
	阅读	口语	写作	笔译	总数
男生	40	15	25	30	110
女生	22	30	18	20	90
总数	62	45	43	50	200

问：这些学生参加各类英语比赛的倾向性是否与他们的性别有关？

其检验的步骤如下：

第一步：提出零假设 H_0：这些学生参加各类英语比赛的倾向性与他们的性别无关，即互相是独立的。如果零假设 H_0 成立，那么我们就可以认为在参加英语比赛的倾向性方面，男生组和女生组是来自于同一个总体的同一个样本。那么，在这个样本里，参加阅读的比例就是：62/200，也即 200 个学生中有 62 人是倾向于参加阅读比赛的。既然男生组有 110 人，那么我们预期有 62/200×110＝34.1 人参加阅读比赛。这个数据就是表 8.6（b）里所列的期望频数。其公式归纳如下：

$$E = \frac{列总数 \times 行总数}{总数}$$

同理，我们计算出男生参加口语、写作、笔译比赛的期望频数分别是：24.75，23.65，27.5。

第二步：根据表8.5的观察频数和上述公式，计算期望频数，然后计算统计量，并制成表8.6(a)，(b)，(c)：

表 8.6 学生参加各类英语比赛倾向性调查列联表

(a) 观察频数

性别	各类英语比赛				
	阅读	口语	写作	笔译	总数
男生	40	15	25	30	110
女生	22	30	18	20	90
总数	62	45	43	50	200

(b) 期望频数： $E = ($列总数 $\times$ 行总数$) \div$ 总数

	各类英语比赛				
	阅读	口语	写作	笔译	总数
男生	34.1	24.75	23.65	27.5	110
女生	27.9	20.25	19.35	22.5	90
总数	62	45	43	50	200

(c) 偏差/统计量： $E = ($观察频数 $-$ 期望频数$)^2 \div$ 期望频数

	各类英语比赛			
	阅读	口语	写作	笔译
男生	1.02	3.84	0.08	0.23
女生	1.25	4.69	0.09	0.28

总偏差/统计量＝11.48

第三步：确定自由度。这种独立性 χ^2 检验的自由度为：

$$df = (a-1)(b-1)$$

其中 a 表示列数，b 表示行数。本例中列数为4，行数为2，因此 $df = (4-1) \times (2-1) = 3$。也即样本函数服从自由度为 $(a-1)(b-1)$ 的 χ^2 分布。

第四步：确定适当的显著水平 α，然后作出统计推断。查自由度为 $df = (a-1) \times (b-1)$ 的 χ^2 概率分布表。本例中显著水平 $\alpha = 0.01$，$df = 3$，查附录1表5得

知 χ^2 临界值是 $\chi^2_{(3,0.01)} = 11.3$，即统计量 11.48 大于 11.3 的临界值。因此我们可以推翻零假设：这些学生参加各类英语比赛的倾向性与他们的性别无关，接受备择假设：这些学生参加各类英语比赛的倾向性与他们的性别具有关联性，也就是说男生和女生参加各类英语比赛的倾向性是不一样的。

下面我们将表 8.5 的数据输入 SPSS 软件，并将其步骤演示如下：

－打开 SPSS 软件，输入数据。

－执行分析/描述统计/交叉表（Analyze/Descriptive statistics/Crosstabs）命令，弹出"交叉表"对话框。

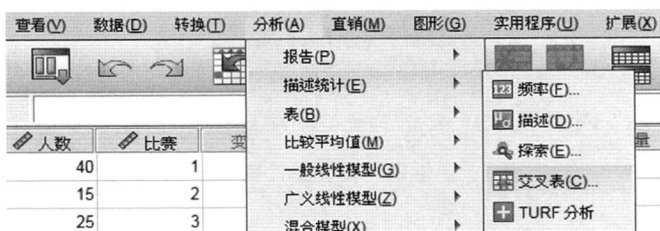

－在该对话框中，将左边列表中的"性别"添加到"行"框中，将"比赛"添加到"列"框中，然后点击"统计"按钮，弹出"交叉表：统计"对话框。

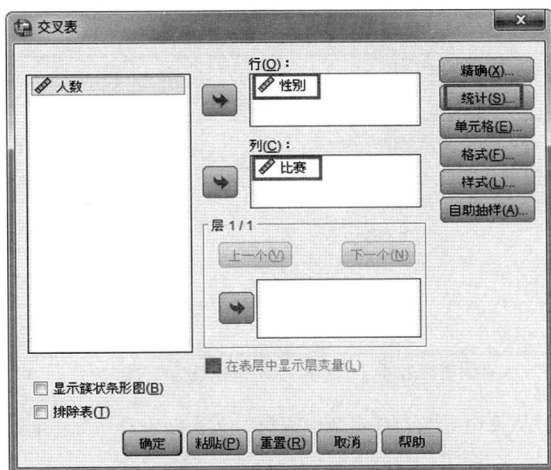

－在"交叉表：统计"对话框中，选"卡方"单选项，然后单击"继续"按钮，返回到"交叉表"选择窗口。

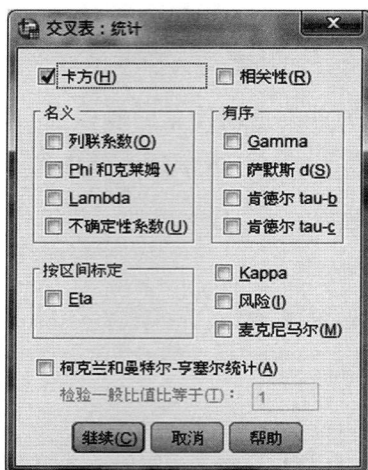

在"交叉表"对话框中，点击"确定"按钮弹出结果。结果如下：

性别 * 比赛交叉表

		比赛				
		阅读	口语	写作	笔译	总计
性别	男	40	15	25	30	110
	女	22	30	18	20	90
总计		62	45	43	50	200

卡方检验

	值	自由度	渐进显著性（双侧）
皮尔逊卡方	11.480[a]	3	.009
似然比（L）	11.554	3	.009
线性关联	.003	1	.956
有效个案数	200		

a. 0 个单元格（0.0%）的期望计数小于 5。最小期望计数为 19.35。

从以上表中的结果可以看出，$p < \alpha$（0.009 < 0.05），因此我们同样可以推翻零假设：这些学生参加各类英语比赛的倾向性与他们的性别无关，接受备择假设：这些学生参加各类英语比赛的倾向性与他们的性别具有关联性，也就是说男生和女生参加各类英语比赛的倾向性是不一样的。

练习与实例操作

1. 什么是非参数检验？卡方检验主要用于检验什么？请详细阐述。

2. 在一项英语系毕业生论文选题的调查中，研究者随机抽出了 90 个学生，发现他们的论文选题在文学、语言学、翻译三个选项中的人数分别是：文学 40 人、语言学 30 人、翻译 20 人，这是观察频数。问：

1) 学生论文选题的期望频数分别是什么？

2) 学生论文选题观察频数的分布与期望频数的分布有没有差异？请参照上述表 8.1 和 8.2 计算。

3) 使用 SPSS 24.0 软件进行计算。

3. 某校英语专业 100 个学生参加了当年的专业八级考试，其英语成绩的分布如下：

100 个学生专八考试成绩频数表

分数段	观察频数	Z 分数段 $Z=\dfrac{X-50}{10}$	期望频率	期望频数
30 以下	2			
30～35	3			
35～40	8			
40～45	10			
45～50	25			
50～55	23			
55～60	13			
60～65	9			
65～70	4			
70 以上	3			

问：这些学生专八考试分数的分布是否与平均分为 50，标准差为 10 的正态分布相拟合？请参照上述表 8.3 和 8.4 的方法计算，然后使用 SPSS 24.0 软件再进行计算。

4. 某大学实施了教师对学生的学业辅导项目，并对学生参加学业辅导的倾向性进行了调查，其结果列表如下：

学生参加学业辅导的倾向性观察频数表

观察频数 性别	各类学业辅导				
	课程辅导	实验辅导	科研指导	综合指导	总数
男生	10	12	15	15	52
女生	18	8	9	13	48
总数	28	20	24	28	100

问：这些学生参加学业辅导的倾向性是否与他们的性别有关？请参照上述表 8.6 的方法计算，然后使用 SPSS 24.0 软件再进行计算。

第 9 章

SPSS 的相关分析

第六章、第七章我们涉及的是因果关系的研究。在语言研究中，我们还经常会用到另外一种研究，那就是相关关系的研究，如研究两个变量之间关系的密切程度或一个因变量（Dependent variable）与一个或多个自变量（Independent variable/variables）之间是否存在某种线性关系。前者要用到相关分析，后者则要用到回归分析。本章主要讨论相关分析。

9.1 相关分析的基本概念

相关分析在实际研究中应用很广。例如，前面 4.1 节中提到本书的一位作者在多年的英语教学中发现：英语发音好的学生，听力理解能力也相对比较强，而发音不好的学生听力一般都比较弱。于是，该作者一方面给学生录音，根据语音的评分标准，给每一个学生的语音状况进行评分。另一方面给这些学生做一套听力测试题，获取听力成绩，然后对这两组数据进行相关性分析。结果表明：语音成绩高的学生，听力测试的成绩相对比较高，而语音成绩低的学生，听力测试的成绩相对比较低（Huang，2009）。美国的托福和英国的雅思这两个英语水平考试，之所以被诸多大学用于选拔学生，就是因为有研究证明：考生的托福或雅思成绩，与他们日后的学业成绩存在着相关关系，即与上述例子一样存在着正相关（Positive correlation）的关系。有时候，两个变量之间存在的是负相关（Negative correlation）的关系，如酒喝得越多，对人的肝脏伤害就越大。还有的时候，两个变量之间不存在相关关系或为零相关（Zero correlation），也就是一个变量的变化不会因为另一个变量的变化而变化，如人的长相与用化妆品高级档次之间的关系，就不存在相关关系或是零相关。反映两个变量的相关程度一般用相关系数 r 来表示，取值在 -1 和 $+1$ 之间，负值表示负相关，正值表示正相关，等于 0 或趋于 0 时表示不存在相关关系。

这里要指出的是，相关关系并不是因果关系。如学生听力理解能力的高低，并不完全取决于他的语音的好坏。也许正确的发音有助于他接收用正确发音所传送的信息，但是影响学生听力理解能力的因素肯定不止一个，如练习听力所花的时间、词汇量、对所听材料的熟悉程度、背景知识等。同理，某个留学生的学业成绩好，并不一定就是因为他的托福或雅思考试得了高分。

与前面第六、七、八章的原理一样，我们对两个变量进行相关分析也是根据样本数据进行计算的，然后再由样本的计算结果来推断样本来源的两个总体的相关性。因此，样本越大，数据就越具有代表性（Representativeness），计算出来的统计量就越接近总体的参数特征。其检验步骤如下：

第一步：提出原假设/零假设。假设总体中 X 变量和 Y 变量都是正态分布且是相互独立的，那么零假设就是：

$$H_0: \rho = 0$$

其中 ρ 为总体的相关系数。

备择假设就是：

$$H_1: \rho \neq 0$$

第二步：确定统计量计算方法。由于相关系数的类型不一样，计算统计量的方法也不一样，这里就不展开阐述，不同计算方法在 9.2 节和 9.3 节详细介绍。

第三步：计算统计量的观测值及其发生的概率值，即 p 值。

第四步：给定显著水平 α，然后作出统计推断。比较 p 与显著水平 α：如果 $p > \alpha$，零假设成立或接受零假设，即两总体之间没有显著的相关性；如果

$p<\alpha$，零假设不成立或拒绝零假设，即两总体之间具有显著的相关性。

本章我们主要介绍两种相关系数：Pearson 相关系数和 Spearman 相关系数。

9.2 Pearson 相关系数

皮尔逊相关系数（Pearson correlation coefficient）也叫皮尔逊积矩相关系数（Pearson product-moment correlation coefficient），是一种线性相关系数。其计算公式如下：

$$r = \frac{\sum (x-\overline{x})(y-\overline{y})}{\dfrac{n-1}{s_x s_y}}$$

其中，r 是相关系数，$\sum (x-\overline{x})(y-\overline{y})/n-1$ 是协方差（也即 $\mathrm{Cov}(x，y)$），s_x 为变量 x 的标准差，s_y 为变量 y 的标准差。从 $\sum (x-\overline{x})(y-\overline{y})$ 我们可以看出，正相关的情况是（$x-\overline{x}$）和（$y-\overline{y}$）都分别为正数或负数，即 x 的取值增加或减少时，y 的取值也增加或减少；负相关的情况是（$x-\overline{x}$）和（$y-\overline{y}$）其中一个为正数，一个为负数，即 x 的取值增加时，y 的取值却减少，反之亦然。如果两个变量不存在相关关系，（$x-\overline{x}$）和（$y-\overline{y}$）的变化是没有规律的。以下我们用一个例子来说明上述原理。

如第六章 6.4 节中提到的，根据 Krashen(1981，1985) 的语言输入假说（Input Hypothesis），该大学一位教授高级英语读写的教师一方面采用问卷调查的研究方法，得到了所教学生每学期英语阅读量的数据（包括相关课程课内的阅读量、老师布置的课外阅读量和学生自己阅读的量），另一方面她也有这一组学生的写作成绩（每个学生多篇作文的平均成绩），然后进行计算，以确认学生的阅读输入量（Input）与他们的写作成绩，即产出或输出（Output），是否存在正相关的关系。以下是该老师统计到的数据表（表 9.1）：

表 9.1　学生的阅读量统计和写作成绩表

学生	阅读输入量 x（字数：万）	写作成绩 y（分数）	$\mathrm{d}(x)$ $x-\overline{x}$	$\mathrm{d}(y)$ $y-\overline{y}$	$\mathrm{d}(x)\mathrm{d}(y)$
1	12	14	3.81	2.56	9.75
2	7	11	−1.19	−0.44	0.52
3	8	12	−0.19	0.56	−0.11
4	11	13	2.81	1.56	4.38
5	9	12	0.81	0.56	0.45
6	11	13	2.81	1.56	4.38
7	10	13	1.81	1.56	2.82
8	9	12	0.81	0.56	0.45
9	10	13	1.81	1.56	2.82
10	12	14	3.81	2.56	9.75
11	8	11	−0.19	−0.44	0.08
12	6	10	−2.19	−1.44	3.15
13	10	12	1.81	0.56	1.01
14	5	9	−3.19	−2.44	7.78
15	4	9	−4.19	−2.44	10.22
16	9	11	0.81	−0.44	−0.36
17	8	11	−0.19	−0.44	0.08
18	11	14	2.81	2.56	7.19
19	9	11	0.81	−0.44	−0.36
20	7	10	−1.19	−1.44	1.71
21	3	9	−5.19	−2.44	12.66
22	10	13	1.81	1.56	2.82
23	6	10	−2.19	−1.44	3.15
24	7	10	−1.19	−1.44	1.71
25	5	10	−3.19	−1.44	4.59
26	8	12	−0.19	0.56	−0.11
27	6	10	−2.19	−1.44	3.15
	$\overline{x}=8.19$ $s_x=2.42$	$\overline{y}=11.44$ $s_y=1.58$			$\sum(\mathrm{d}(x)\mathrm{d}(y))=93.68$

$$\mathrm{Cov}(X,\ Y) = \frac{1}{n-1}\sum(X_i - \overline{X})(Y_i - \overline{Y})$$

$$= \frac{1}{n-1}\sum(\mathrm{d}(x)\mathrm{d}(y))$$

$$= \frac{93.68}{26} = 3.60$$

$$r = \frac{\mathrm{Cov}(X,\ Y)}{s_x s_y} = \frac{3.60}{2.42 \times 1.58} = 0.94$$

计算的结果 $r=0.94$，查附录 1 表 6 得知：此检验统计量大于显著性水平 0.01 的临界值 0.487，相关关系具有显著性，说明学生阅读的输入量（Input）与他们的写作成绩，即输出（Output），存在着正相关的关系，而且其相关性还比较高。换句话说，阅读量大的学生，写作成绩也比较高。

下面我们将表 9.1 的数据输入 SPSS 软件，并将其步骤演示如下：

– 打开 SPSS 软件，输入数据。

– 执行分析/相关/双变量（Analyze/Correlate/Bivariate）命令，弹出"双变量相关性"（Bivariate correlations）对话框。

– 在此对话框中将"阅读输入量"和"写作成绩"变量添加到右侧的变量列表框中，同时在"相关系数"（Correlation coefficients）框中选择"皮尔逊"（Pearson），然后单击"选项"（Options）按钮，弹出"双变量相关性：选项"（Bivariate correlations：Options）对话框。

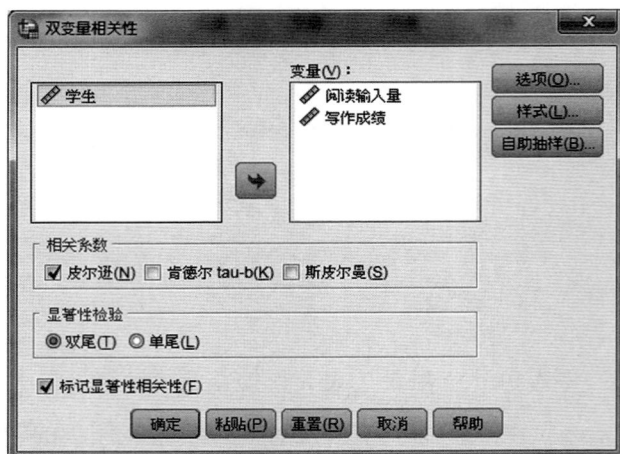

－在这对话框选"平均值和标准差（Mean and standard deviation）"，然后点击"继续"。

－返回"双变量相关性"对话框，单击"确定"就可以看结果了。结果如下：

相关性

		阅读输入量	写作成绩
阅读输入量	皮尔逊相关性	1	.946**
	显著性（双尾）		.000
	个案数	27	27
写作成绩	皮尔逊相关性	.946**	1
	显著性（双尾）	.000	
	个案数	27	27

**.在 0.01 水平（双尾），相关性显著。

显然，这个计算结果跟我们前面计算的结果是一致的。

9.3 Spearman 相关系数

在前面我们讲到的例子中，我们假设两个观察变量呈正态分布。但是，事实上并非所有的变量都呈正态分布。例如，上例中学生的阅读量可能是正态分布，但是另一个变量写作成绩就不一定。有时候老师会按等级量表（Rating scale）来给成绩，即给出的是等级分数，如 5 个等级。在这种情况下，写作成绩就可能不是正态分布，也就不能采用 Pearson 相关系数的公式来计算学生阅读输入量与他们的写作成绩的相关系数，而应采用 Spearman 相关系数公式来计算这两个变量的相关系数。正是因为如此，Spearman 相关系数也被称为Spearman 等级相关系数（Spearman rank correlation），其计算公式如下：

$$r_s = 1 - \frac{6D}{n(n^2-1)}$$

其中 r_s 是 Spearman 相关系数，D 是每对等级评分差的平方和，即等级 x_s 的评分与等级 y_s 的评分差的和，也即 $D = \sum (x_s - y_s)^2$，n 是样本量。以下我们将表 9.1 按 Spearman 等级相关系数的计算方法制作成表 9.2，并演示其计算过程。

表 9.2　学生的阅读量等级和写作等级表

学生	阅读输入量 x（字数：万）	写作成绩 y（分数）	阅读量等级 x_s	写作等级 y_s	等级评分差 $x_s - y_s$
1	12	14	1.5	2	−0.5
2	7	11	19	16	3
3	8	12	15.5	11	4.5
4	11	13	4	6	−2
5	9	12	11.5	11	0.5
6	11	13	4	6	−2
7	10	13	7.5	6	1.5
8	9	12	11.5	11	0.5
9	10	13	7.5	6	1.5

学生	阅读输入量 x(字数：万)	写作成绩 y(分数)	阅读量等级 x_s	写作等级 y_s	等级评分差 $x_s - y_s$
10	12	14	1.5	2	−0.5
11	8	11	15.5	16	−0.5
12	6	10	22	21.5	0.5
13	10	12	7.5	11	−3.5
14	5	9	24.5	26	−1.5
15	4	9	26	26	0
16	9	11	11.5	16	−4.5
17	8	11	15.5	16	−0.5
18	11	14	4	2	2
19	9	11	11.5	16	−4.5
20	7	10	19	21.5	−2.5
21	3	9	27	26	1
22	10	13	7.5	6	1.5
23	6	10	22	21.5	0.5
24	7	10	19	21.5	−2.5
25	5	10	24.5	21.5	3
26	8	12	15.5	11	4.5
27	6	10	22	21.5	0.5

$$D = \sum (x_s - y_s)^2 = 148$$

$$r_s = 1 - \frac{6D}{n(n^2 - 1)} = 1 - \frac{6 \times 148}{27(27^2 - 1)} = 1 - \frac{888}{19\ 656} = 1 - 0.045 = 0.96$$

上述表格中的第 2 栏和第 3 栏中都有相同的分数，如第 2 栏中有 2 个学生达到了 12 万字的阅读量，按常理他们是并列第 1，但是按 Spearman 算法排序应分别为第 1、第 2，然后取 1+2=3 的均值 1.5 为阅读量等级。同理，在第 3 栏的写作成绩中，有 3 个学生达到了 14 分，排序应分别为第 1、第 2、第 3，取 1+2+3=6 的均值 2 为其写作等级。再看写作成绩为 13 分的有 5 人，排序分别为第 4、第 5、第 6，第 7、第 8，取 4+5+6+7+8=30 的均值 6 为其写作等级。

按照 Spearman rank correlation 计算公式算出的相关系数为 0.96，查附录 1 表 7 得知：此检验统计量大于显著性水平 0.01 的临界值 0.492，相关关系具有显著性。这个相关系数此前用 Pearson 计算公式算出的相关系数 0.94 稍微偏高一点，这是因为在学生的阅读量和写作成绩中，我们都遇到了如上所说的相同的数字，在排列时就出现了并列排序（Tied ranks）。

下面我们将表 9.2 第 4 栏、第 5 栏的数据输入 SPSS 软件，并将其步骤演示如下：

— 打开 SPSS 软件，输入数据。

— 执行分析/相关/双变量（Analyze/Correlate/Bivariate）命令，弹出"双变量相关性（Bivariate correlations）"对话框。

— 在该对话框将"阅读量等级"和"写作成绩等级"变量添加到右侧的变量列表中，同时在"相关系数"框中选择"斯皮尔曼"（Spearman），最后单击"确定"按钮就出结果了。

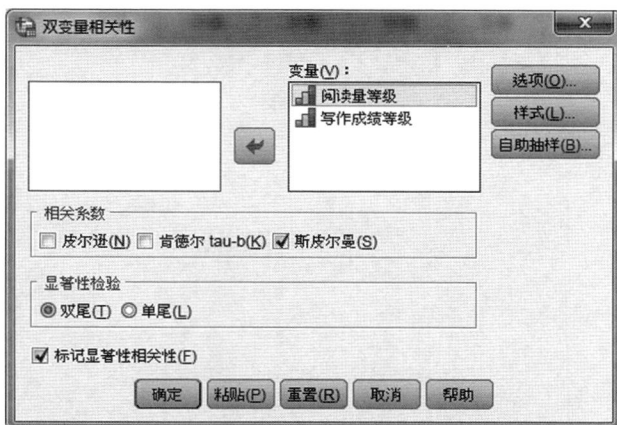

结果如下：

相关性

			阅读量等级	写作成绩等级
斯皮尔曼 Rho	阅读量等级	相关系数	1.000	.954**
		显著性（双尾）	.	.000
		个案数	27	27
	写作成绩等级	相关系数	.954**	1.000
		显著性（双尾）	.000	.
		个案数	27	27

**. 在 0.01 级别（双尾），相关性显著。

上述表显示的结果为 $r=0.954$，与我们前面计算的结果基本上一致，也即其相关性在 1‰ 水平上具有显著性。

1. 什么是相关系数？它有几种情况？请分别举出我们日常生活中正相关、负相关和不相关的例子。

2. 一位教口语的老师经常鼓励学生多听，因为根据她的观察：那些听力好的同学反应快，词汇量大，口语表达能力也比较强。下面是这位老师收集到的学生听力和口语成绩，请用 SPSS 软件计算这两组成绩的 Pearson 相关系数。

某校英语专业学生的听力和口语成绩

学生	听力成绩	口语成绩
1	70	66
2	85	82
3	88	85
4	75	72
5	84	78
6	67	70
7	92	90
8	80	80
9	74	71
10	68	75
11	59	55
12	83	80
13	95	87
14	88	90
15	76	70
16	82	80
17	77	80
18	79	77
19	81	80
20	78	76
21	69	68
22	68	69

3. 英语口语和写作成绩常常会按评分标准打等级分，下面分别是某校英语系一班学生的口语和写作的等级分数，请用 SPSS 软件计算这两组等级分数的 Spearman 相关系数，以检验这两个语言技能是否具有相关性。

某校英语系一班学生的口语和写作的等级分数

学生	口语等级	写作等级
1	1	2.5
2	2	4
3	3	2.5
4	4.5	1
5	4.5	6
6	7	5
7	6	7
8	9.5	8.5
9	9.5	8.5
10	8	10
11	11	10
12	12	11
13	16	12
14	14.5	13.5
15	14.5	13.5
16	13	18
17	17	16
18	18	17.5
19	19.5	17.5
20	19.5	15

SPSS 的线性回归分析

回归分析（Regression）是研究两种或两种以上变量之间相互关系的一种统计分析方法，在诸多领域都有十分广泛的运用，包括语言研究。其分析方法也有多种：根据函数的类型不同可分为线性回归和非线性回归；根据自变量的多少，可分为一元回归和多元回归；根据自变量和因变量的类型，可分为一般回归分析、含有哑变量的回归分析和 Logistic 回归分析（即因变量是定性变量的回归分析）。本章我们主要介绍一元线性回归和多元线性回归。

10.1 回归分析的基本概念

"回归"一词起源于 19 世纪英国统计学家 F. Galton 提出的一个统计学定律。F. Galton 在研究祖先与后代身高之间的关系时发现：那些身材较高的父母，他们的孩子也较高，但这些孩子的平均身高却不如他们父母的平均身高；那些身材较矮的父母，他们的孩子也较矮，同样，这些孩子的平均身高也不比他们父母的平均身高矮。于是，Galton 就把这种后代的身高趋向于中间值的规律称为"回归现象"，也称为"高尔顿定律"。其实，只要我们仔细观察，在我们的生活中可以看到很多"回归"的现象。

相关分析和回归分析都是研究变量与变量之间的关系，即研究变量与变量之间关系密切程度的统计学分析方法。两者之间既有联系，又有区别。

倪雪梅（2010：182）对相关分析和回归分析的区别进行了比较全面的归纳和总结：

1）在回归分析中，变量 y 为因变量，处于被解释的地位，即由自变量 x 进行解释。而在相关分析中，变量 y 与变量 x 则处于平等的地位，研究变量 y 与变量 x 的密切程度和研究变量 x 与变量 y 的密切程度是一样的。

2）在回归分析中，因变量 y 是随机变量，自变量 x 可以是随机变量，也可以是非随机的确定变量。而在相关分析中，变量 y 和变量 x 都是随机变量。

3）相关分析是测定变量之间的密切程度，所使用的统计指标是相关系数。而回归分析则侧重于考察变量之间的数量变化规律，并通过一定的数学表达式来描述变量之间的关系，进而确定一个或几个变量的变化对另一个特定变量的影响程度。

具体进行回归分析时，其主要步骤如下：

第一步：确定回归方程中的被解释变量（因变量）和解释变量（自变量）。回归分析的主要任务之一就是分析一个事物是如何随着其他事物的变化而变化的，因此我们首先应该弄清楚哪个事物是需要被解释的，即哪个变量是被解释变量（因变量，记作 y），哪个/些事物是解释其他变量的，即哪个/些变量是解释变量（自变量，记作 x）。也就是说，要进行回归分析，首先要建立 y 关于 x 的回归方程，并在 x 给定的情况下，用回归方程来预测 y 的均值。这也就是回归分析跟我们上一章所讲的相关分析的重要不同之处。如，Huang（2001）运用 Mincer（1993）的工资收入函数进行回归分析时，所确定的被解释变量 y 是工资的年收入，解释变量 x 是受教育的程度（年数）、工作经验（年数）、性别[1]等。

第二步：确定回归模型。也就是要确定回归模型属于前面提到的哪一类。可以根据被解释变量和解释变量的观察值画散点图，观察它们之间存在的是什么关系。如果是线性关系，则进行线性回归分析，建立线性模型。如果被解释变量和解释变量之间存在的是非线性关系，那么就应该进行非线性回归分析，建立非线性模型。

第三步：建立回归方程并进行各种统计检验。根据上一步确定的模型，将收集到的样本数据进行回归分析，然后进行各种统计检验，看样本数据是否反映了总体参数的特征。同时，观察哪些解释变量对被解释变量的影响较大，哪

---

[1]　性别为哑变量（Dummy variable），男性为 1，女性为 0。有关哑变量的知识可参考 Maddala, G. S. & Lahin, K.（2009）。

些解释变量对被解释变量的影响较小。

第四步：利用回归方程进行预测。如果回归方程拟合良好，可以用于预测相关事物未来发展的趋势。

以下我们先探讨一元线性回归，然后探讨多元线性回归。

10.2 一元线性回归

一元线性回归有两层意思：一是"一元"，指的是回归模型中只有一个解释变量，二是"线性"，指的是回归模型中被解释变量和解释变量之间为线性关系。因此，一元线性回归模型是指只有一个解释变量的线性回归模型，用以分析被解释变量与另一个解释变量之间的线性关系。

我们通过一个例子来说明这种回归。例如，现在有不少外语专业的本科和研究生毕业生在英语培训机构工作。他们的薪资是按教课学时数与办班的总学时数（总收入）来提成的。如果一个培训老师按教课（满负荷）学时数和总收入的 1.5% 来提成，假设 y 为该老师每月的提成额，x 为办班的总收入，用数学函数表示就是：

$$y = 0.015x$$

根据这个函数，我们可以制成表 10.1：

表 10.1　某培训教师根据办班总收入的提成额

办班总收入（元）	教师的提成（元）
50 000	750
100 000	1 500
150 000	2 250
200 000	3 000
250 000	3 750
300 000	4 500
350 000	5 250
400 000	6 000

再根据该表格我们制图 10.1：

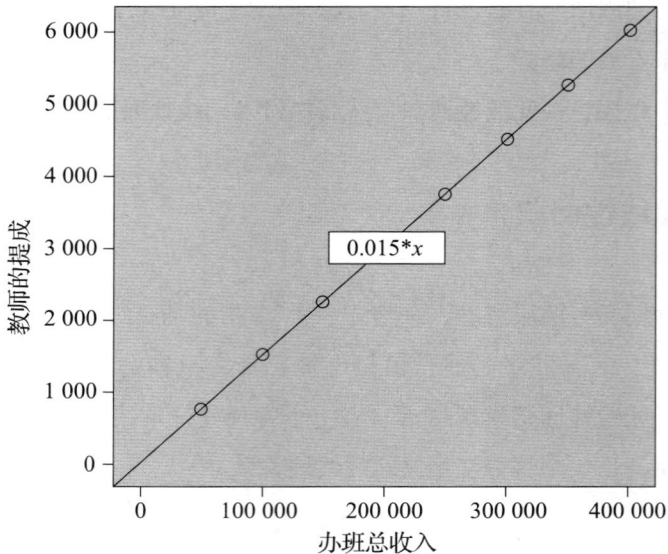

图 10.1　办班总收入 x 和教师的提成额 y 的回归线

从上图我们可以看出，总收入与教师的提成成线性关系，且直线通过原点。当我们知道办班的总收入，我们就可以知道该教师的提成额：培训机构每挣 1元，该教师就可挣 0.015 元，也即 0.015 就是这条直线的斜率。也就是说，我们根据 x，可以预测 y 值。

假如该老师不愿意如此计算他/她的薪资，而是想让他/她的薪资由两部分组成：底薪＋提成，即一部分是固定收入，另一部分是提成，为 0.012。那么这个函数就变成了：

$$y = 1\,000 + 0.012x$$

根据这个函数，我们可以制成另一个表格（表 10.2）：

根据表 10.2 我们制图 10.2：

从表 10.2 可以看出，采用底薪加提成的付酬方法，即便培训机构的总收入不高，老师的收入也得到了保障。但是，随着总收入的不断地增加，相对于采用纯提成付酬方法而言，老师的收入稍微偏低。

表 10.2　某培训教师根据办班总收入采用底薪加提成的薪资变化

办班总收入（元）	教师的提成（元）
50 000	1 600
100 000	2 200
150 000	2 800
200 000	3 400
250 000	4 000
300 000	4 600
350 000	5 200
400 000	5 800

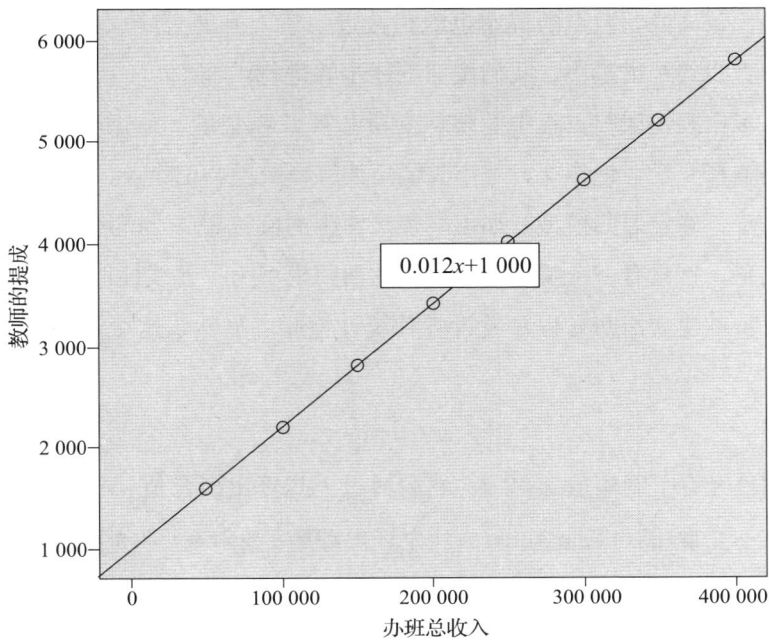

图 10.2　办班总收入 x 和教师的底薪加提成额收入 y 的回归线[①]

① 提示：请注意此图的起点不是原点，直线经过点（0，1000）。

再从图 10.2 我们可以看出，总收入与教师的收入仍成线性关系，但直线却没有通过原点[①]。这是因为即便培训机构没有收入，该老师也可得到 1 000 元的收入。而且，这条直线比图 10.1 的直线平缓，因为 x 每增加一个数目 y 随着增加 0.012。无论是上述哪一种情况，x 和 y 都是线性关系（Linear relationship），可以用以下函数表达：

$$\hat{y} = a + bx$$

其中 a 叫做截距（Intercept），b 叫做斜率（Slope），无论 x 和 y 如何变化，a 和 b 的值都是固定的。在 $y = 0.015x$ 一式中，$a = 0$，$b = 0.015$；在 $y = 1\,000 + 0.012x$ 一式中，$a = 1\,000$，$b = 0.012$。如果 y 代表的是培训教师的薪资，那么 $\hat{y}$ 就是回归的拟合值（Fitted value）。

前面 9.1 节在讲 Pearson 相关系数时，我们已经确定某大学英语专业学生的阅读量与他们的写作成绩存在着线性相关关系，其相关系数是 0.94，说明相关性还是比较高的，散点的分布也就很接近一条上升的直线。为了检验这些散点是否与直线的距离最小，我们按照下述步骤进行：

第一步：确定回归方程中的解释变量和被解释变量。在这个研究中学生的阅读量是解释变量，记作 x，写作成绩是被解释变量，记作 y。

第二步：确定回归模型。如上所述，学生的阅读量 x 与写作成绩 y 具有线性相关关系，且只有一个解释变量，因此回归模型为一元线性回归。

第三步：建立回归方程并进行各种统计检验。显然，这个研究的回归方程式为：

$$\hat{y} = \hat{a} + \hat{b}x$$

我们已经有了观察值 x 和 y，然后通过上式算出拟合值 $\hat{y}$。而要算出 $\hat{y}$，就得采用最小二乘法（Least squares）先算出截距 $\hat{a}$ 和斜率 $\hat{b}$（为总体回归参数的估计值）。最小二乘法又称为最小平方法，就是求出最小化误差的平方，具体而言是使得拟合数据 $\hat{y}$ 与观察值 y 之间误差的平方和为最小，即就是要使 $\sum (y - \hat{y})^2$ 或 $\sum (y - \hat{a} - \hat{b}x)^2$ 最小，表明各散点离回归直线的距离最小。

[①] 当 $x = 0$，$y = 1\,000$，事实上，上面的图反映了这个特点，图形斜率为 0.012。

以下是观察值 y 与拟合值 $\hat{y}$ 的对照表（表 10.3）：

表 10.3 学生的写作成绩与其拟合成绩的比较

学生	阅读输入量 x（字数：万）	写作成绩 y（分数）	拟合值 $\hat{y}$	残差 $e/y-\hat{y}$	$(y-\hat{y})^2$	$(y-\bar{y})^2$
1	12	14	13.791	0.209	0.044	6.533
2	7	11	10.706	0.294	0.086	0.197
3	8	12	11.323	0.677	0.458	0.309
4	11	13	13.174	−0.174	0.030	2.421
5	9	12	11.940	0.060	0.004	0.309
6	11	13	13.174	−0.174	0.030	2.421
7	10	13	12.557	0.443	0.196	2.421
8	9	12	11.940	0.060	0.004	0.309
9	10	13	12.557	0.443	0.196	2.421
10	12	14	13.791	0.209	0.044	6.533
11	8	11	11.323	−0.323	0.104	0.197
12	6	10	10.089	−0.089	0.008	2.085
13	10	12	12.557	−0.557	0.310	0.309
14	5	9	9.472	−0.472	0.223	5.973
15	4	9	8.855	0.145	0.021	5.973
16	9	11	11.940	−0.940	0.884	0.197
17	8	11	11.323	−0.323	0.104	0.197
18	11	14	13.174	0.826	0.682	6.533
19	9	11	11.940	−0.940	0.884	0.197
20	7	10	10.706	−0.706	0.498	2.085
21	3	9	8.238	0.762	0.518	5.973
22	10	13	12.557	0.443	0.196	2.421
23	6	10	10.089	−0.089	0.008	2.085
24	7	10	10.706	−0.706	0.498	2.085
25	5	10	9.472	0.528	0.279	2.085
26	8	12	11.323	0.677	0.458	0.309
27	6	10	10.089	−0.089	0.008	2.085
	$\mathrm{Cov}(x,y)$ $=3.607$[①] $\bar{x}=8.185$ $s_x=2.418$	$\bar{y}=11.444$ $s_y=1.577$		$\sum(y-\hat{y})$ $=0.194$	$\sum(y-\hat{y})^2$ $=6.192$	$\sum(y-\bar{y})^2$ $=64.678$

---

① 详见表 9.1 下面。

观察值 x 和 y 为已知，根据最小二乘法可算出：

$$\hat{b} = \frac{\text{Cov}(x,\ y)}{s_x^2} = \frac{3.607}{2.418^2} = 0.617$$

$$\hat{a} = \bar{y} - \hat{b}\bar{x} = 11.444 - 0.617 \times 8.185 = 6.394$$

将 $\hat{a}$、$\hat{b}$ 值代入上式便得出拟合的一元线性回归方程：

$$\hat{y} = 6.394 + 0.617x$$

上述方程拟合结果说明：学生的阅读输入量每增加 1 万字，写作成绩会提高 0.617 分。

然后根据这个方程计算出上表的拟合值 $\hat{y}$，再计算残差 $e/y - \hat{y}$，即观察值 y 与拟合值 $\hat{y}$ 的差，在表中我们还计算了残差的和，为 0.194，说明观察值 y 与拟合值 $\hat{y}$ 的差是比较小的。最后，根据残差我们可以采用下列公式计算标准估计误差（Standard error of estimate），以此说明观察值 y 与拟合值 $\hat{y}$ 之间相对偏离的程度和检验回归方程的代表性：

$$s_e = \sqrt{\frac{\sum (y - \hat{y})^2}{n-2}} = \sqrt{\frac{6.838}{25}} = 0.52$$

上式中的分母是 $n-2$ 而不是 $n-1$，这是因为我们在计算估计值 a 和 b 时失去 2 个自由度，所以分母为 $n-2 = 27-2 = 25$。

s_e 为 0.52，标准估计误差的值越小，则估计量与其真实值的近似误差越小。前面我们已讲到，在回归直线的周围有很多散点。越是靠近回归直线，散点就越多越密；越是离开回归直线，散点就越少。事实上，对于回归直线每一点来说，可以想象有无数的点在其上下两旁，而且构成正态分布，那么 s_e 就是这个正态分布的标准差。我们可以采用 s_e 来估计散点的 y 值落在某区间里的概率。例如，散点的 y 值落在 $(\hat{y} - 1s_e)$ 和 $(\hat{y} + 1s_e)$ 的概率是 68%，落在 $(\hat{y} - 1.96s_e)$ 和 $(\hat{y} + 1.96s_e)$ 的概率是 95%，落在 $(\hat{y} - 2.58s_e)$ 和 $(\hat{y} + 2.58s_e)$ 的概率是 99%（林连书，2001）。显然 0.52 这个值是不大的，因为 s_e 这个正态分布的标准差小于 1，说明离回归直线是比较近的。

下面我们还要通过计算可决系数（也称判定系数，Coeffient of determination）来进行一元线性回归方程的拟合优度检验，即对样本数据在回归直线周围聚集的密集程度所进行的检验，以确定回归方程对样本数的代表程度。通常，我们把观察值 y 与样本均值的离差 $\overline{y}$，即总离差 $(y-\overline{y})$ 看作由两个部分组成：

$$y-\overline{y}=(\hat{y}-\overline{y})+(y-\hat{y})$$

一部分是拟合值 $\hat{y}$ 与样本均值 $\overline{y}$ 的离差 $(\hat{y}-\overline{y})$，这是可以由回归直线解释的部分，因而叫做可解释离差；另一部分则是观察值 y 与拟合值 $\hat{y}$ 的离差 $(y-\hat{y})$，这是不可以由回归直线加以解释的部分，上述我们已阐明，叫做残差 e。然后对上述等式进行两边平方并求和，得：

$$\sum(y-\overline{y})^2=\sum(\hat{y}-\overline{y})^2+\sum(y-\hat{y})^2$$

上式中的 $\sum(y-\overline{y})^2$ 是离差的总平方和（The total sum of squares），用 TSS 表示，$\sum(\hat{y}-\overline{y})^2$ 是回归平方和（The explained sum of squares），即可以被回归直线解释的那部分离差平方和，用 ESS 表示，$\sum(y-\hat{y})^2$ 是残差平方和（The residual sum of squares），即不能用回归直线解释的那部分离差平方和，用 RSS 表示。因此，上式也可写为：

$$TSS=ESS+RSS$$

从这个式子我们可以看出，如果残差平方和 RSS 小，回归平方和 ESS 就很接近总离差平方和 TSS，说明回归直线拟合良好。换句话说，样本的观测点与回归直线靠得越近，ESS 与 TSS 的比就越大，回归直线的拟合就越好。这一比例就被定义为可决系数 R^2，计算方法如下：

$$R^2=\frac{ESS}{TSS}=1-\frac{RSS}{TSS}=1-\frac{\sum(y-\hat{y})^2}{\sum(y-\overline{y})^2}$$

可决系数反映了回归直线对观察值的拟合程度。如果所有观察值都落在回归直线上[①]，则 $RSS=0$，$R^2=1$，为完全拟合；如果所有观察值都没有落在回归直线上，则 $TSS=RSS=1$，$R^2=0$，表示自变量 x 与因变量 y 毫不相关。这都是极端现象。一般情况下，观察值都是部分落在回归直线上，即 $0<R^2<1$，R^2 越接近 1，表明回归直线的拟合程度就越好；反之 R^2 越接近于 0，回归直线

———————————

① 表示观察值和拟合值完全一样。

的拟合程度就越差（倪雪梅，2010：186）。

从表 10.3 已知 $\sum (y - \hat{y})^2 = 6.912$，$\sum (y - \overline{y})^2 = 64.678$，因此，

$$R^2 = \frac{\text{ESS}}{\text{TSS}} = 1 - \frac{\text{RSS}}{\text{TSS}}$$

$$= 1 - \frac{\sum (y - \hat{y})^2}{\sum (y - \overline{y})^2}$$

$$= 1 - \frac{6.912}{64.678}$$

$$= 1 - 0.1069$$

$$= 0.893$$

$$\approx 0.89$$

从这个数值我们可以看出，该回归直线的拟合程度还是比较好的。也就是说，回归平方和能够较大程度地解释总离差平方和，达到了 89%。实际上，这个数值就是回归平方和在总离差平方和中所占的比例，如图 10.3 所示：

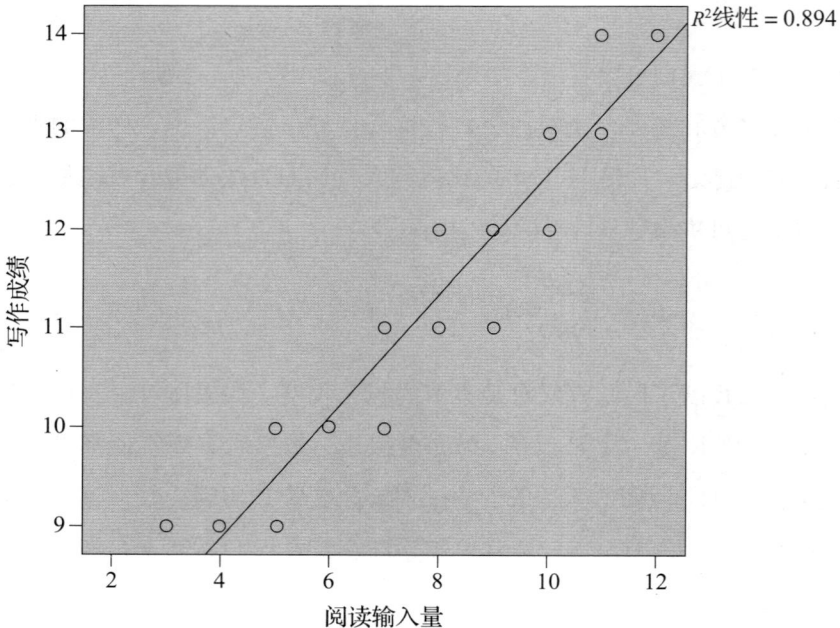

图 10.3　回归平方和在总离差平方和中所占比例

我们也可以采用相关系数的平方 r^2 来计算。根据表 9.1 算出的相关系数 $r=0.94$，我们得出：

$$r^2 = 0.94^2 = 0.884 \approx 0.88$$

可见，这两种算法得出的数值还是非常接近的。后一种算法可以理解为观察值的总方差有多大部分可由拟合值的方差来解释。

除了计算可决系数或进行拟合优度检验，我们还要进行回归方程的显著性检验，即检验因变量与自变量（如果是多元回归包括所有自变量）之间的线性关系是否具有显著性。我们一般采用 F 检验来进行回归方程的显著性检验，也就是用前面我们讲到的方差分析的方法来进行。F 的统计量为回归平方和的均值与残差平方和的均值之比。就一元线性回归方程而言，

$$F = \frac{\text{ESS}/1}{\text{RSS}/(n-2)}$$

上式中 F 检验的第一个自由度是解释变量的数量（m），第二个自由度是样本数量（n）减去解释变量的数量（m）再减去 1，即 $n-m-1$，此例中 $m=1$，因此为 $n-2$。

统计量 F 因而服从（$1, n-2$）个自由度的 F 分布，那么，利用这个统计量进行回归方程显著性检验的步骤为：

第一步：提出零假设，即：

$$H_0：a = b = 0$$

$$H_1：a \text{ 和 } b \text{ 不全为 } 0$$

如果零假设 H_0 成立，即回归系数为 0，说明无论 x 取值怎样变化，都不会引起 y 的线性变化，解释变量 x 就无法解释变量 y 的线性变化，它们之间也就不存在线性关系。

第二步：计算回归方程的 F 统计量值[①]。

$$F = \frac{\text{ESS}/1}{\text{RSSS}/(n-2)}$$

---

① 根据表 10.3 可以计算出 $\sum(\hat{y} - \bar{y}) = 56.59$，这里就不演示计算过程了。

$$= \frac{\sum_{i=1}^{n} (\hat{y}_i - \overline{y})^2}{\sum_{i=1}^{n} (y_i - \hat{y}_i)^2 / (n-2)}$$

$$= \frac{56.59}{6.912/25}$$

$$= 204.68$$

$$\approx 205$$

第三步：根据给定的显著水平 α，然后作出统计推断。比较 p 与显著水平 α：如果 $p > \alpha$，零假设成立或接受零假设，回归系数与零不存在显著性差异，即解释变量 x 与被解释变量 y 的线性关系不具显著性；如果 $p < \alpha$，零假设不成立或拒绝零假设，回归系数与零存在着显著性差异，即解释变量 x 与被解释变量 y 的线性关系具有显著性，用线性回归来描述这两个变量之间的关系是可以的。在此例中，我们也可以这样理解：$F_{(1,25)} = 205$，大于显著水平 α 为 0.01 时的临界值 $F_{(1,25)} = 7.77$，因此我们可以推翻回归系数与零不存在显著性差异的零假设，换句话说，回归系数与零存在着显著性差异，也就是：解释变量 x 与被解释变量 y 的线性关系具有显著性。

第四步：利用回归方程进行预测。例如，根据阅读输入量 x，我们就可以预测写作成绩。从表 10.3 我们可以看出：根据学生 1、学生 4 和学生 7 的阅读输入量（分别为 12 万字、11 万字和 10 万），我们就可以预测他们的写作成绩 $\hat{y}$ 分别为 13.77 分（实际观察值 y 为 14 分）、13.16 分（实际观察值 y 为 13 分）和 12.55 分（实际观察值为 13 分）。由此可见，尽管有少部分学生写作成绩的预测与实际成绩有差距（如学生 14，学生 16），该回归方程的拟合总体还是很不错的。

下面我们将表 10.3 中阅读输入量和写作成绩的数据输入 SPSS 软件，并将其步骤演示如下：

- 打开 SPSS 软件，输入数据。

- 执行分析/回归/线性（Analyze/Regression/Linear）命令，弹出"线性回归"（Linear regression）对话框。

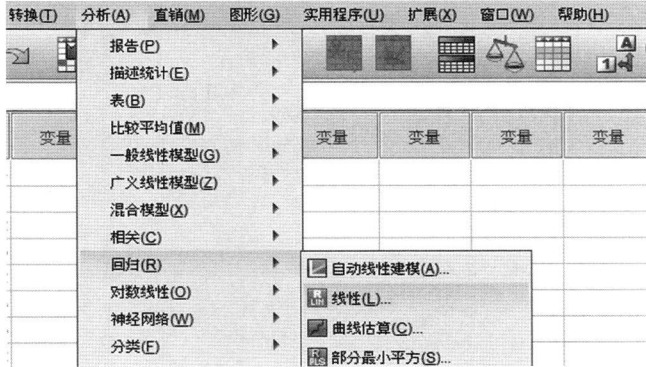

– 在该对话框将"阅读输入量"添加到自变量（Independent variable）表中，将"写作成绩"添加到因变量（Dependent variable）表中，然后单击"统计"（Statistics）按钮弹出"线性回归：统计"对话框。

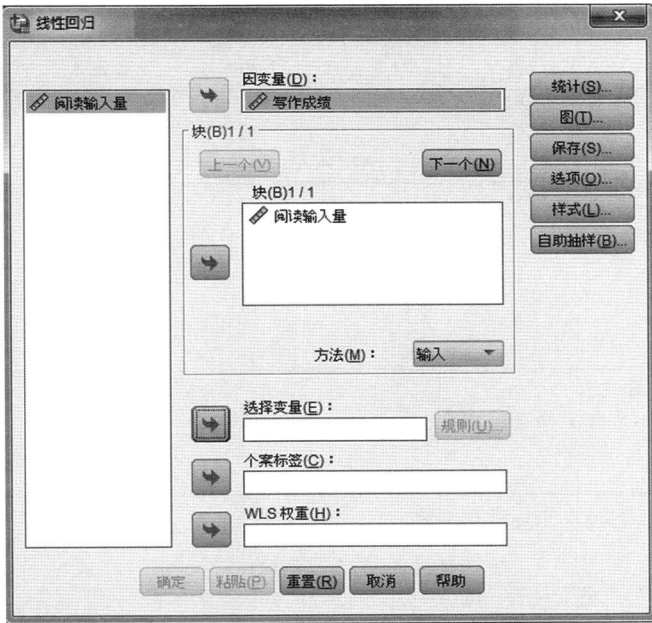

– 在"线性回归：统计"对话框中，选择"回归系数"里面的"估算值"（Estimates），模型拟合（Model fit），R方变化量（R squared change），然后点击"继续"返回"线性回归"对话框。

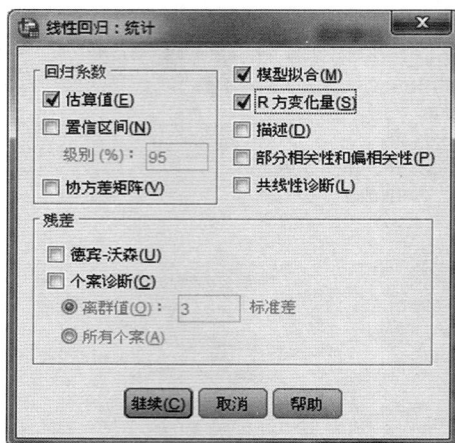

－在"统计"对话框，单击"确定"弹出结果如下：

模型摘要

模型	R 值	R 方	调整后 R 方	标准估算的误差	R 方变化量
1	.946[a]	.894	.890	.523	.894

a. 预测变量：（常量），阅读输入量

ANOVA[a]

模型		平方和	自由度	均方	F 值	显著性
1	回归	57.829	1	57.829	211.431	.000[b]
	残差	6.838	25	.274		
	总计	64.667	26			

a. 因变量：写作成绩
b. 预测变量：（常量），阅读输入量

系数[a]

模型		未标准化系数		标准化系数		
		B	标准误差	Beta	t 值	显著性
1	（常量）	6.397	.361		17.699	.000
	阅读输入量	.617	.042	.946	14.541	.000

a. 因变量：写作成绩

我们将表中的常数与阅读输入量系数代入前面的一元线性回归方程：

$$\hat{y} = \hat{a} + \hat{b}\,x$$

得：

$$\hat{y}=6.397+0.617x$$

可见，这个方程与我们手工计算的出来的一元回归方程非常接近，只是截距 $\hat{a}$ 小数点后的第三位稍有不同。

10.3 多元线性回归

多元线性回归也有两层意思：一是"多元"，指的是回归模型中有几个解释变量，二是"线性"，指的是回归模型中被解释变量和几个解释变量之间为线性关系。因此，多元线性回归模型是指有几个解释变量的线性回归模型，用以分析被解释变量与几个解释变量之间的线性关系。此外，增加解释变量能够提高回归模型的拟合程度，即提高被解释变量拟合值的精确度（Woods *et al.*，2000：236，241；林连书，2001：136）。具体而言，当解释变量为 p 个时，即 x_1，x_2，x_3，$\cdots$，x_p，其回归方程为：

$$y=a+b_1x_1+b_2x_2+b_3x_3+\cdots+b_px_p$$

其中 x_1 第一个解释变量，x_2 表示第二个解释变量，x_3 表示第三个解释变量，$\cdots$，x_p 表示第 p 个解释变量，b_1，b_2，$\cdots$，b_p 为回归方程的系数。当 $p=1$ 时，上式即为一元线性回归，其回归方程为：

$$y=a+b_1x_1$$

由于我们进行多元线性回归时采用的是样本数据，因此得到的参数只是参数观察值 a，b_1，b_2，b_3，$\cdots$，b_p 的估计值：$\hat{a}$，$\hat{b}_1$，$\hat{b}_2$，$\hat{b}_3$，$\cdots$，$\hat{b}_p$，则有如下样本回归方程：

$$\hat{y}=\hat{a}+\hat{b}_1x_1+\hat{b}_2x_2+\hat{b}_3x_3+\cdots+\hat{b}_px_p$$

那么，为什么要采用多元回归呢？这是因为一般来说任何事物之间的联系都不是单一的，而是要受到诸多因素的影响。一个被解释变量也一样，它可能受到多个解释变量的影响。例如，一个考生托福没考好，可能是因为其水平不够，可能是考试的前一天晚上该考生跳迪斯科回家太晚，或因为太紧张没睡好，可能是时间没把握好，可能是周围环境太吵，也可能是别的原因。同理，就外语教学研究而言，一个学生的外语综合能力的强弱要受到诸多因素的影响，如语言学习能力（用学能考试 Aptitude test 来测量），语言输入量（用每天课外听与读输入的时间来测量），文化背景知识（用文化课考试成绩来测量）等。我们将这几个变量的观察值列表 10.4：

表 10.4 学生的学能考试成绩、语言输入时间、文化课成绩和综合考试成绩

学生	学能考试成绩 x_1	语言输入时间/每周 x_2	文化课成绩 x_3	综合考试成绩 y
1	60	6	62	55
2	90	25	93	90
3	80	21	82	81
4	72	25	80	79
5	82	22	85	83
6	85	23	86	84
7	76	28	88	85
8	81	21	82	80
9	83	22	84	82
10	70	20	75	78
11	84	14	74	76
12	92	29	94	91
13	86	20	81	80
14	87	16	74	78
15	77	25	85	82
16	70	20	71	72
17	88	19	78	80
18	71	22	82	78
19	85	24	87	86
20	82	23	84	83
21	65	12	67	70
22	89	27	90	88
23	86	25	88	87

学生	学能考试成绩 x_1	语言输入时间/每周 x_2	文化课成绩 x_3	综合考试成绩 y
24	72	26	83	80
25	84	23	85	83
26	83	21	85	80
27	73	17	78	70
28	64	26	83	80
29	74	27	85	78
30	90	30	93	92

$\overline{x}_1 = 79.37$ $\quad$ $\overline{x}_2 = 21.97$ $\quad$ $\overline{x}_3 = 82.13$ $\quad$ $\overline{y} = 80.37$

$s_1 = 8.52$ $\quad$ $s_2 = 5.18$ $\quad$ $s_3 = 7.38$ $\quad$ $s_y = 7.21$

$\sum x_1 y = 192\ 708$ $\qquad$ $\sum x_2 y = 53\ 876$ $\qquad$ $\sum x_3 y = 199\ 448$

根据下列公式，可以算出协方差：

$$\mathrm{Cov}(x,\ y) = \frac{\sum x_i y - n\overline{x}_i \overline{y}}{n-1}$$

再根据协方差，我们可以算出解释变量与被解释变量的相关系数 r：

$$r_{xy} = \frac{\mathrm{Cov}(x,\ y)}{s_{xi} \times s_y}$$

由此，我们可分别算出：学能考试成绩、语言输入时间和文化课考试成绩与综合考试成绩的相关系数，分别为 0.75、0.83 和 0.92，说明学能考试成绩、语言输入时间和文化课考试成绩与综合考试成绩均存在着线性相关关系。为了检验这些散点是否与回归直线的距离最小，我们仍然可以按照上述步骤进行，也就是说在多元线性回归方程中回归系数的估计同样可以采用最小二乘法，其原理与一元线性回归方程相似：在 $\hat{y} = \hat{a} + \hat{b}_1 x_1 + \hat{b}_2 x_2 + \hat{b}_3 x_3 + \cdots + \hat{b}_p x_p$ 方程中，要使 $\sum (y - \hat{y})^2$ 最小。

由于多元线性回归的计算非常复杂，所以在此我们就不详细阐述其计算步骤了，而采用 SPSS 软件进行计算和演示。值得一提的是：与一元线性回归一样，多元线性回归方程建立以后，也要计算标准估计误差，进行拟合优度检验和回归方程的显著性检验。

下面我们将表 10.4 中学能考试成绩、语言输入时间、文化课考试成绩和综合考试成绩分别输入 SPSS 软件，并将其步骤演示如下：

- 打开 SPSS 软件，输入数据。

- 执行分析/回归/线性（Analyze/Regression/Linear）命令，弹出"线性回归"（Linear regression）对话框。

- 在该对话框中将"学能考试成绩""语言输入时间每周""文化课成绩"添加到自变量（Independent variable）表中，将"综合考试成绩"添加到因变量（Dependent variable）表中，然后单击"统计"（Statistics）按钮弹出"线性回归：统计"对话框。

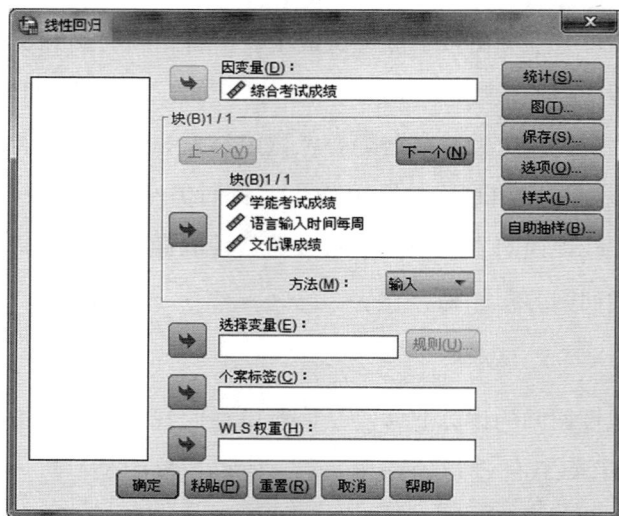

— 在"线性回归：统计"对话框中，选择"回归系数"里面的"估算值"（Estimates），"模型拟合"（Model fit），"R 方变化量"（R squared change），然后点击"继续"返回"线性回归"对话框。

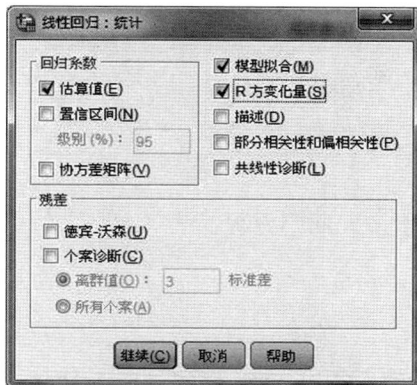

— 在"统计"对话框，单击"确定"弹出结果如下：

描述统计

	均值	标准偏差	个案数
综合考试成绩	80.37	7.213	30
学能考试成绩	79.37	8.524	30
语言输入时间每周	21.97	5.183	30
文化课成绩	82.13	7.375	30

模型摘要

模型	R	R 方	调整后 R 方	标准估算的误差
1	.964[a]	.930	.922	2.020

a. 预测变量：(常量)，文化课成绩，学能考试成绩，语言输入时间每周

ANOVA[a]

模型		平方和	自由度	均方	F 值	显著性
1	回归	1 402.839	3	467.613	114.560	.000[b]
	残差	106.127	26	4.082		
	总计	1 508.967	29			

a. 因变量：综合考试成绩
b. 预测变量：(常量)，文化课成绩，学能考试成绩，语言输入时间每周

估计系数[a]

模型	未标准化系数		标准化系数 Beta	t 值	显著性
	B	标准误差			
（常量）	21.559	6.711		3.212	.003
1 学能考试成绩	.367	.070	.433	5.242	.000
语言输入时间每周	.722	.194	.519	3.713	.001
文化课成绩	.169	.166	.172	1.016	.319

a. 因变量：综合考试成绩

将上述系数输入以下多元回归方程：

$$\hat{y} = \hat{a} + \hat{b}_1 x_1 + \hat{b}_2 x_2 + \hat{b}_3 x_3 + \cdots + \hat{b}_p x_p$$

得：

$$\hat{y} = 21.56 + 0.37 x_1 + 0.72 x_2 + 0.17 x_3$$

上述方程拟合结果说明：要预测一个学生的外语的综合能力，只要知道该生的学能考试成绩、每周的语言输入时间以及文化课成绩就可以了。例如：第15 位学生的拟合综合能力为：

$$\hat{y} = 21.56 + 0.37 \times 77 + 0.72 \times 25 + 0.17 \times 85$$

$$= 82.5$$

可见，这个预测结果与该生的实际综合考试成绩的 82 分是非常接近的。

此外，从可决系数 $R^2 = 0.93$ 可知，该回归直线的拟合程度还是不错的。从 $F_{(3,26)} = 11.456$，$p < \alpha (0.000 < 0.01)$，我们可以拒绝回归系数与零不存在显著性差异的零假设，即回归系数与零存在着显著性差异，也就是：解释变量 x 与被解释变量 y 的线性关系具有显著性。

1. 什么是回归分析? 它与相关分析有什么不同?

2. 什么是一元线性回归? 什么是多元线性回归?

3. 以下是某校英语专业 A 班学生期末考试英语精读课与语法课的成绩,

   1) 请用 SPSS 软件进行一元线性回归分析,以检验语法课成绩 x (解释变量) 与英语精读课成绩 y (被解释变量) 是否存在一元线性关系,也即其线性关系是否具有显著性;

   2) 列出一元回归方程。

某校英语专业 A 班学生期末考试英语精读课与语法课成绩

学生	语法课成绩 x	精读课成绩 y
1	80	82
2	75	77
3	89	90
4	65	60
5	78	79
6	85	87
7	83	85
8	76	78
9	81	82
10	80	82
11	86	84
12	74	76
13	92	90
14	67	70
15	82	81
16	84	84

学生	语法课成绩 x	精读课成绩 y
17	87	88
18	81	83
19	82	83
20	94	92
21	79	81
22	83	86
23	80	78
24	87	85
25	88	88

4. 以下是某校英语专业 1 班学生期末考试英语口语课、语音课、听力课和英美文化课的成绩，请用 SPSS 软件进行多元线性回归分析，以检验语音 x_1、听力 x_2 和英美文化背景知识 x_3（均为解释变量），与英语口语 y（被解释变量）是否存在多元线性关系，也即其线性关系是否具有显著性。

某校英语专业 1 班学生英语口语课成绩与语音课、听力课和英美文化课的成绩

学生	语音课成绩 x_1	听力课成绩 x_2	文化课成绩 x_3	口语课成绩 y
1	86	83	81	85
2	84	84	87	82
3	78	80	82	75
4	82	78	86	80
5	80	84	77	78
6	65	68	70	62
7	95	91	92	90
8	85	80	84	83

学生	语音课成绩 x_1	听力课成绩 x_2	文化课成绩 x_3	口语课成绩 y
9	88	81	85	82
10	79	75	76	77
11	90	87	89	88
12	88	85	90	86
13	70	80	82	76
14	85	85	83	81
15	72	78	80	74
16	84	82	85	81
17	95	92	91	92
18	88	86	90	87
19	68	69	69	65
20	80	88	78	84
21	83	87	88	80
22	92	94	89	91
23	85	86	79	82
24	80	86	87	83
25	84	88	82	80

参考书目

Becker, J. (1975). The phrasal lexicon. In R. Shank & B. L. Nash-Webber (Eds.), *Theoretical issues in natural language processing* 1. Cambridge, MA: Bolt Beranek & Newman.

Brontë, E. (1938). *Wuthering hights*. London: Bantam Books, Inc.

Collins, L., Trofimovich, P., White, J., Cardoso, W., & Horst, M. (2009). Some input on the easy/difficult grammar question: An empirical study. *The Modern Language Journal*, *93* (iii), 336-353.

Conklin, K., & Schmitt, N. (2012). The processing of formulaic language. *Annual Review of Applied Linguistics*, *32*, 45-61.

Durrant, P., & Mathews-Aydınlı, J. (2011). A function-first approach to identifying formulaic language in academic writing. *English for Specific Purposes*, *30* (1), 58-72.

Durrant, P. (2017). Lexical bundles and disciplinary variation in university students' writing: Mapping the territories. *Applied Linguistics*, *38*, 165-193.

Erlam, R. (2003). The effects of deductive and inductive instruction on the acquisition of direct object pronouns in French as a second language. *The Modern Language Journal*, *87*, 242-260.

Foster, P. (1998). A classroom perspective on the negotiation of meaning. *Applied Linguistics*, *19*, 1-23.

Ferris, M. R., & Politzer, R. L. (1981). Effect of early and delayed second language acquisition: English composition skills of Spanish-speaking junior high school students. *TESOL Quarterly*, *15*, 253-274.

Gass，S.，Mackey，A.，& Ross-Feldman，L. (2005). Task-based interactions in classroom and laboratory settings. *Language Learning*，*55*，575-611.

Huang，X. (2001). *The impact of education on personal earnings in Hunan Province，the People's Republic of China*. Unpublished Doctoral Dissertation. Universidade de Tras-os-Montes e Alto Douto，Vila Real，Portugal.

Huang，X. (2009). The Relationship between Chinese EFL learners' proficiency in suprasegmental features of pronunciation and their listening comprehension. *Teaching English in China*（《中国英语教学》）*32*（2），31-39。

Huang，X.，& Jia，X. (2016). Corrective feedback on pronunciation：students' and teachers' perceptions. *International Journal of English Linguistics*，*6*（6），245-254.

Hughes，A.，& Lascaratou，C. (1981). Competing criteria for error gravity. *ELT Journal* 36，175-182.

Krashen，S. D. (1981). *Second language acquisition and second language learning*. Oxford：Pergamon.

Krashen，S. D. (1985). *The input hypothesis：issues and implications*. Harlow：Longman.

Lee，S. K. (2007). Effects of testual enhancement and topic familiarity on Korean EFL students' reading comprehension and learning of passive form. *Language Learning 57*（1），87-118.

Maddala，G. S.，& Lahin，K. (2009). *Introduction to econometrics*. New Jersey：John Wiley & Sons，Inc.

McDonough，J. & McDonough，S. (2000). *Research methods for English language teachers*（《英语教学科研方法》）. Beijing：Foreign Language Teaching and Research Press.

Mincer，J. (1993). *Studies in human capital：collected essays of Jacob Mincer*，Vol. 1，Vermont：Edward Elgar Publishing Limited.

Scherer, G. A., & Wertheimer, M. (1964). *A psychological experiment in further language teaching*. New York：McGraw-Hill.

Woods, A., Fletcher, P., & Hughes, A. (2000). *Statistics in language studies* (《语言研究中的统计学》). Beijing：Foreing Language Teaching and Research Press.

Wood, D. (2007). Mandarin Chinese speakers in a study abroad context：does acquisition of formulaic sequences facilitate fluent speech in English? *The East Asian Learner 3*(2)，43-62.

Wray, A. (2008). *Formulaic language：pushing the boundaries*. Oxford：Oxford University Press.

Wray, A. (2009). Future directions in formulaic language research. *Journal of Foreign languages* (《外国语》)，*32* (6)，2-17.

Wray, A., Bell, H., & Jones, K. (2016). How native and non-native speakers of English interpret unfamiliar formulaic sequences. *European Journal of English Studies*，*20* (1)，47-63.

Wray, A. (2019). Concluding question：Why don't second language learners more proactively target formulaic sequences? In A. Siyanova-Chanturia & A. Pellicer-Sánchez (Eds.)，*Understanding formulaic language：A second language acquisition perspective* (pp. 248-269). New York and London：Routledge.

韩宝成. 外语教学科研中的统计方法. 北京：外语教学与研究出版社，2000.

黄晓玉，刘颖，白雪莲. 图式理论在大学英语阅读教学中的实证性研究. 中国校外教育，2010(4).

胡丽娟. 中国大学生英语作文的语块调查研究. 北京：北京林业大学，2011.

赖国毅，陈超. SPSS 17.0 中文版：常用功能与应用实例精讲. 北京：电子工业出版社，2011.

林连书. 应用语言学实验研究方法. 广州：中山大学出版社，2001.

刘大海，李宁，晁阳. SPSS 15.0 统计分析：从入门到精通. 北京：清华大学出版社，2008.

倪雪梅. 精通 SPSS 统计分析. 北京：清华大学出版社，2010.

薛薇. 统计分析与 SPSS 的应用. 北京：中国人民大学出版社，2011.

孙艳玲，何源，李阳旭. 例说 SPSS 统计分析. 北京：人民邮电出版社，2010.

王立非，张大凤. 国外二语预制语块习得研究的方法进展与启示. 外语与外语教学，2006(5)：20-24.

王立非，陈香兰. 语言语块教学与研究在中国的进展. 外国语，2009（6）：90-94.

徐盛桓. 指类句的语用意蕴. "首届全国语言语块教学与研究学术研讨会"发言稿.（2009-05-17）.

肖武云. 基于语块的以写促说的教学模式实证研究. 外语教学，2011（5）：52-55.

衷克定. 数据统计分析与实践—数据统计分析与实践学模式实证研究. 北京：高等教育出版社，2005.

统计表

表 1　随机数字表 ①

44	59	62	26	82	51	04	19	45	98	03	51	50	14	28	02	12	29	88	87
85	90	22	58	52	90	22	76	95	70	02	84	74	69	06	13	98	86	06	50
44	33	29	88	90	49	07	55	69	50	20	27	59	51	97	53	57	04	22	26
47	57	22	52	75	74	53	11	76	11	21	16	12	44	31	89	16	91	47	75
03	20	54	20	70	56	77	59	95	60	19	75	29	94	11	23	59	30	14	47
40	91	24	41	01	45	51	98	22	54	82	44	43	43	23	29	16	24	15	62
91	14	61	71	03	40	15	69	44	46	54	66	35	01	87	61	23	76	36	80
27	71	29	93	52	89	64	78	32	97	65	28	99	82	41	10	97	52	41	91
12	96	17	70	72	76	17	93	38	26	72	96	28	73	27	64	78	16	72	81
54	30	61	13	60	50	61	56	40	20	19	22	30	61	43	89	60	09	82	39
83	32	99	29	30	06	19	71	11	32	69	17	86	34	50	76	37	41	76	54
27	17	25	61	91	76	19	54	99	73	97	21	44	87	39	63	24	22	74	30
40	89	21	88	56	84	11	75	74	88	23	55	48	98	19	48	79	81	92	62
51	66	17	48	26	96	00	83	81	23	58	09	21	39	39	20	83	46	30	75
95	22	63	34	58	91	78	22	50	22	77	21	14	19	58	66	49	25	03	51
93	83	73	70	80	88	71	85	64	44	57	50	19	82	60	77	38	95	93	33
42	02	33	18	33	55	96	66	88	38	16	80	77	51	17	96	49	76	99	28

---

① 表 1—8 的来源均为（Woods *et al*.，2000：297—305），由作者翻译。

42	42	13	33	66	00	18	37	58	80	54	32	00	96	25	16	15	37	34	12
66	71	67	54	79	25	64	34	82	15	28	97	88	84	84	51	62	90	17	71
73	05	53	85	63	18	06	47	71	00	32	31	59	72	34	28	70	83	12	90
02	80	12	24	34	78	22	50	57	02	07	01	13	00	78	80	94	93	14	53
22	89	81	32	32	72	48	92	95	75	88	56	75	73	79	17	53	81	54	17
94	45	64	84	17	28	06	57	71	96	81	36	37	65	42	62	43	84	45	23
10	30	05	07	21	34	59	18	85	95	21	87	73	16	78	37	15	98	16	66
73	39	21	94	01	84	28	20	50	35	57	82	88	13	52	53	76	73	68	22
47	91	87	36	45	69	03	01	24	25	13	64	42	74	36	67	77	67	00	92
39	24	26	77	62	37	82	46	93	96	82	75	75	16	95	05	30	68	83	02
77	29	09	12	41	77	29	57	34	89	94	95	45	70	59	85	38	04	04	80
04	78	20	07	17	15	68	12	38	26	01	90	68	30	83	80	19	89	98	65
83	81	53	08	09	23	22	61	99	41	27	90	35	43	07	09	62	26	45	83
97	67	74	54	96	14	63	28	98	11	18	33	82	60	90	41	33	11	77	59
52	80	26	89	13	38	70	08	73	22	64	70	83	44	49	24	20	93	12	59
80	69	43	27	33	56	39	88	73	31	22	44	87	33	08	21	40	06	77	91
00	48	24	08	73	92	37	19	69	87	91	79	86	27	47	91	31	70	53	52
14	91	97	37	53	40	46	26	29	25	96	42	57	22	94	34	59	71	23	59
50	62	28	51	94	10	15	18	06	02	39	94	13	91	54	50	60	27	28	68
17	59	53	08	58	06	80	00	75	71	95	13	76	91	24	55	34	09	97	12
73	17	99	45	85	28	63	17	99	31	24	62	75	82	78	89	27	59	18	62
37	95	74	96	25	44	95	66	42	02	31	48	82	21	76	87	86	75	07	95
76	95	18	76	76	28	18	60	44	92	76	09	46	96	39	37	27	12	30	44

表 2　标准正态分布

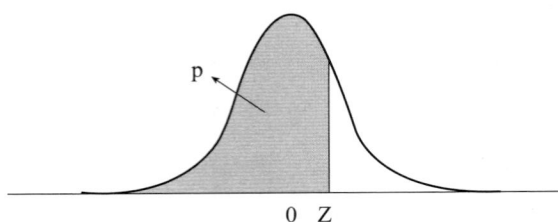

表中的分布为正态分布，其均值为 0，标准差为 1。表中给出了每一个 Z 值，即标准正态离差，及其对应的小于 Z 值的概率分布百分比 p。对于均值为 μ、方差为 σ^2 的正态分布，小于某一具体数值 X 的分布百分比由 $Z=(X-\mu)/\sigma$ 这个公式计算获取 Z，然后查取与 Z 相对应的百分比即可。

Z	p	Z	p	Z	p	Z	p
−4.00	0.00003	−1.50	0.0668	0.00	0.5000	1.55	0.9394
−3.50	0.00023	−1.45	0.0735	0.05	0.5199	1.60	0.9452
−3.00	0.0014	−1.40	0.0808	0.10	0.5398	1.65	0.9505
−2.95	0.0016	−1.35	0.0885	0.15	0.5596	1.70	0.9554
−2.90	0.0019	−1.30	0.0968	0.20	0.5793	1.75	0.9599
−2.85	0.0022	−1.25	0.1056	0.25	0.5987	1.80	0.9641
−2.80	0.0026	−1.20	0.1151	0.30	0.6179	1.85	0.9678
−2.75	0.0030	−1.15	0.1251	0.35	0.6368	1.90	0.9713
−2.70	0.0035	−1.10	0.1357	0.40	0.6554	1.95	0.9744
−2.65	0.0040	−1.05	0.1469	0.45	0.6736	2.00	0.9772
−2.60	0.0047	−1.00	0.1587	0.50	0.6915	2.05	0.9798
−2.55	0.0054	−0.95	0.1711	0.55	0.7088	2.10	0.9821
−2.50	0.0062	−0.90	0.1841	0.60	0.7257	2.15	0.9842
−2.45	0.0071	−0.85	0.1977	0.65	0.7422	2.20	0.9861
−2.40	0.0082	−0.80	0.2119	0.70	0.7580	2.25	0.9878
−2.35	0.0094	−0.75	0.2266	0.75	0.7734	2.30	0.9893
−2.30	0.0107	−0.70	0.2420	0.80	0.7881	2.35	0.9906
−2.25	0.0122	−0.65	0.2578	0.85	0.8023	2.40	0.9918
−2.20	0.0139	−0.60	0.2743	0.90	0.8159	2.45	0.9929
−2.15	0.0158	−0.55	0.2912	0.95	0.8289	2.50	0.9938

Z	p	Z	p	Z	p	Z	p
−2.10	0.0179	−0.50	0.3085	1.00	0.8413	2.55	0.9946
−2.05	0.0202	−0.45	0.3264	1.05	0.8531	2.60	0.9953
−2.00	0.0228	−0.40	0.3446	1.10	0.8643	2.65	0.9960
−1.95	0.0256	−0.35	0.3032	1.15	0.8749	2.70	0.9965
−1.90	0.0287	−0.30	0.3821	1.20	0.8849	2.75	0.9970
−1.85	0.0322	−0.25	0.4013	1.25	0.8944	2.80	0.9974
−1.80	0.0359	−0.20	0.4207	1.30	0.9032	2.85	0.9978
−1.75	0.0401	−0.15	0.4404	1.35	0.9115	2.90	0.9981
−1.70	0.0446	−0.10	0.4602	1.40	0.9192	2.95	0.9984
−1.65	0.0495	−0.05	0.4801	1.45	0.9265	3.00	0.9986
−1.60	0.0548	−0.00	0.5000	1.50	0.9332	3.50	0.99977
−1.55	0.0606					4.00	0.99997

表 3　标准正态分布百分点

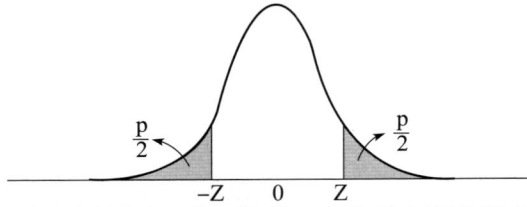

此表提供标准正态分布的给定 p 值，即 $[-Z, +Z]$ 区间外的百分比，对应的 Z 值。

p	Z
90	0.1257
80	0.2533
70	0.3853
60	0.5244
50	0.6745
40	0.8416
30	1.0364
20	1.2816
10	1.6449
5	1.9600
2	2.3263
1	2.5758
0.2	3.0902
0.1	3.2905

表4 t 分布百分点

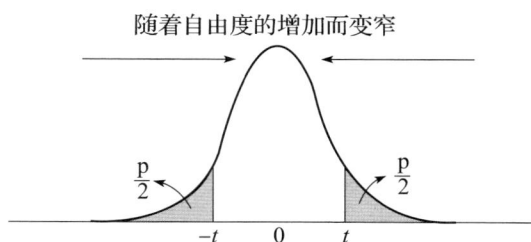

随着自由度的增加而变窄

$\frac{p}{2}$ $\frac{p}{2}$

$-t$ 0 t

此表给出学生氏 t 分布给定的 p 值，即 $[-t, +t]$ 区间外的百分比。这些 t 值按照不同的自由度进行列表。

自由度	p=							
	50	20	10	5	2	1	0.2	0.1
1	1.00	3.08	6.31	12.7	31.8	63.7	318	637
2	0.82	1.89	2.92	4.30	6.96	9.92	22.3	31.6
3	0.76	1.64	2.35	3.18	4.54	5.84	10.2	12.9
4	0.74	1.53	2.13	2.78	3.75	4.60	7.17	8.61
5	0.73	1.48	2.02	2.57	3.36	4.03	5.89	6.87
6	0.72	1.44	1.94	2.45	3.14	3.71	5.21	5.96
7	0.71	1.42	1.89	2.36	3.00	3.50	4.79	5.41
8	0.71	1.40	1.86	2.31	2.90	3.36	4.50	5.04
9	0.70	1.38	1.83	2.26	2.82	3.25	4.30	4.78
10	0.70	1.37	1.81	2.23	2.76	3.17	4.14	4.59
12	0.70	1.36	1.78	2.18	2.68	3.05	3.93	4.32
15	0.69	1.34	1.75	2.13	2.60	2.95	3.73	4.07
20	0.69	1.32	1.72	2.09	2.53	2.85	3.55	3.85
24	0.68	1.32	1.71	2.06	2.49	2.80	3.47	3.75
30	0.68	1.31	1.70	2.04	2.46	2.75	3.39	3.65
40	0.68	1.30	1.68	2.02	2.42	2.70	3.31	3.55
60	0.68	1.30	1.67	2.00	2.39	2.66	3.23	3.46
∞	0.67	1.28	1.64	1.96	2.33	2.58	3.09	3.29

表5　卡方分布百分点

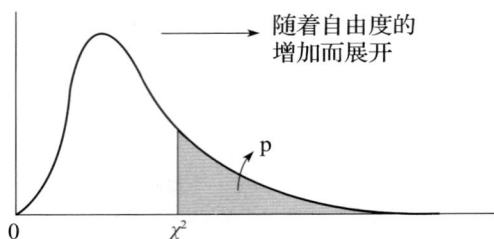

此表提供卡方分布中给定百分比 p 对应的 χ^2 临界值。这些卡方 χ^2 值按照不同的自由度进行列表。

自由度	97.5	95	50	10	5	25	1	0.1
			p=					
1	0.000982	0.00393	0.45	2.71	3.84	5.02	6.64	10.8
2	0.0506	0.103	1.39	4.61	5.99	7.38	9.21	13.8
3	0.216	0.352	2.37	6.25	7.82	9.35	11.3	16.3
4	0.484	0.711	3.36	7.78	9.49	11.1	13.3	18.5
5	0.831	1.15	4.35	9.24	11.1	12.8	15.1	20.5
6	1.24	1.64	5.35	10.6	12.6	14.5	16.8	22.5
7	1.69	2.17	6.35	12.0	14.1	16.0	18.5	24.3
8	2.18	2.73	7.34	13.4	15.5	17.5	20.1	26.1
9	2.70	3.33	8.34	14.7	16.9	19.0	21.7	27.9
10	3.25	3.94	9.34	16.0	18.3	20.5	23.2	29.6
12	4.40	5.23	11.3	18.5	21.0	23.3	26.2	32.9
15	6.26	7.26	14.3	22.3	25.0	27.5	30.6	37.7
20	9.59	10.9	19.3	28.4	31.4	34.2	37.6	45.3
24	12.4	13.9	23.3	33.2	36.4	39.4	43.0	51.2
30	16.8	18.5	29.3	40.3	43.8	47.0	50.9	59.7
40	24.4	26.5	39.3	51.8	55.8	59.3	63.7	73.4
60	40.5	43.2	59.3	74.4	79.1	83.3	88.4	99.6

表 6　Pearson 相关系数百分点

此表给出样本相关系数 r 的绝对值，以检验在指定显著性水平 p 的基础上是否拒绝原假设：总体相关系数 $\rho=0$，接受备择假设：$\rho\neq0$。

显著性水平（p）

样本大小（n）	0.10	0.05	0.01	0.001
3	0.9877	0.9969	0.9999	0.9999
4	0.900	0.950	0.990	0.999
5	0.805	0.878	0.959	0.991
6	0.729	0.811	0.917	0.974
7	0.669	0.754	0.875	0.951
8	0.621	0.707	0.834	0.925
9	0.582	0.666	0.798	0.898
10	0.549	0.632	0.765	0.872
11	0.521	0.602	0.735	0.847
12	0.497	0.576	0.708	0.823
13	0.476	0.553	0.684	0.801
14	0.457	0.532	0.661	0.780
15	0.441	0.514	0.641	0.760
16	0.426	0.497	0.623	0.742
17	0.412	0.482	0.606	0.725
18	0.400	0.468	0.590	0.708
19	0.389	0.456	0.575	0.693
20	0.378	0.444	0.561	0.679
21	0.369	0.433	0.549	0.665
22	0.360	0.423	0.537	0.652
27	0.323	0.381	0.487	0.597
32	0.296	0.349	0.449	0.554
42	0.257	0.304	0.393	0.490
52	0.231	0.273	0.354	0.443
62	0.211	0.250	0.325	0.408
82	0.183	0.217	0.283	0.357
102	0.164	0.195	0.254	0.321

表 7 Spearman 等级相关系数分布百分点

相关系数 r_s 用于检验零假设 $H_0: \rho_s = 0$ 与备择假设 $H_1: \rho_s \neq 0$。

样本大小（n）	0.10	0.05	0.02	0.01
4	1.000	—	—	
5	0.900	1.000	1.000	—
6	0.829	0.886	0.943	1.000
7	0.714	0.786	0.893	0.929
8	0.643	0.714	0.833	0.881
9	0.600	0.700	0.783	0.833
10	0.564	0.648	0.745	0.794
11	0.536	0.618	0.709	0.764
12	0.503	0.587	0.678	0.734
13	0.484	0.560	0.648	0.703
14	0.464	0.538	0.626	0.679
15	0.446	0.521	0.604	0.657
16	0.429	0.503	0.584	0.634
17	0.414	0.488	0.566	0.618
18	0.401	0.474	0.550	0.600
19	0.391	0.460	0.535	0.584
20	0.380	0.447	0.522	0.570
21	0.370	0.436	0.510	0.566
22	0.361	0.425	0.497	0.544
23	0.353	0.416	0.486	0.532
24	0.344	0.407	0.476	0.521
25	0.337	0.398	0.466	0.511
26	0.331	0.390	0.457	0.499
27	0.324	0.383	0.449	0.492
28	0.318	0.375	0.441	0.483
29	0.312	0.369	0.433	0.475
30	0.306	0.362	0.426	0.467

表8 F分布百分点

以下表列出 F 值，某一给定的 F 分布百分比大于 F 值。

F 分布的计算为两个互相独立的方差估计相除。每一个方差有其相应的自由度，因此如要考虑某一 F 分布，需要提供其分子的自由度 n_1 和分母的自由度 n_2。

（a）5%的表：

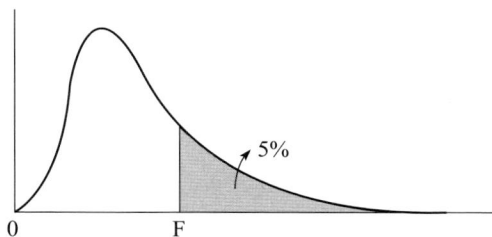

$n_1=$	1	2	3	4	5	6	7	8	10	12	24
$n_2=2$	18.5	19.0	19.2	19.2	19.3	19.3	19.4	19.4	19.4	19.4	19.5
3	10.1	9.55	9.28	9.12	9.01	8.94	8.89	8.85	8.79	8.74	8.64
4	7.71	6.94	6.59	6.39	6.26	6.16	6.09	6.04	5.96	5.91	5.77
5	6.61	5.79	5.41	5.19	5.05	4.95	4.88	4.82	4.74	4.68	4.53
6	5.99	5.14	4.76	4.53	4.39	4.28	4.21	4.15	4.06	4.00	3.84
7	5.59	4.74	4.35	4.12	3.97	3.87	3.79	3.73	3.64	3.57	3.41
8	5.32	4.46	4.07	3.84	3.69	3.58	3.50	3.44	3.35	3.28	3.12
9	5.12	4.26	3.86	3.63	3.48	3.37	3.29	3.23	3.14	3.07	2.90
10	4.96	4.10	3.71	3.48	3.33	3.22	3.14	3.07	2.98	2.91	2.74
12	4.75	3.89	3.49	3.26	3.11	3.00	2.91	2.85	2.75	2.69	2.51
15	4.54	3.68	3.29	3.06	2.90	2.79	2.71	2.64	2.54	2.48	2.29
20	4.35	3.49	3.10	2.87	2.71	2.60	2.51	2.45	2.35	2.28	2.08
24	4.26	3.40	3.01	2.78	2.62	2.51	2.42	2.36	2.25	2.18	1.98
30	4.17	3.32	2.92	2.69	2.53	2.42	2.33	2.27	2.16	2.09	1.89
40	4.08	3.23	2.84	2.61	2.45	2.34	2.25	2.18	2.08	2.00	1.79
60	4.00	3.15	2.76	2.53	2.37	2.25	2.17	2.10	1.99	1.92	1.70

（b）1％的表：

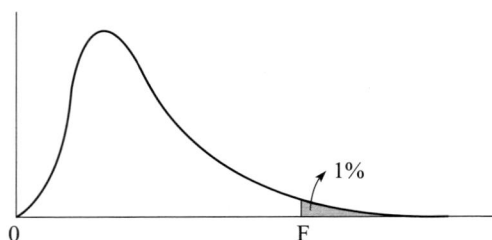

$n_1 =$	1	2	3	4	5	6	7	8	10	12	24
$n_2 = 2$	98.5	99.0	99.2	99.2	99.3	99.3	99.4	99.4	99.4	99.4	99.5
3	34.1	30.8	29.5	28.7	28.2	27.9	27.7	27.5	27.2	27.1	26.6
4	21.2	18.0	16.7	16.0	15.5	15.2	15.0	14.8	14.5	14.4	13.9
5	16.3	13.3	12.1	11.4	11.0	10.7	10.5	10.3	10.1	9.89	9.47
6	13.7	10.98	9.78	9.15	8.75	8.47	8.26	8.10	7.87	7.72	7.31
7	12.3	9.55	8.45	7.85	7.46	7.19	6.99	6.84	6.62	6.47	6.07
8	11.3	8.65	7.59	7.01	6.63	6.37	6.18	6.03	5.81	5.67	5.28
9	10.6	8.02	6.99	6.42	6.06	5.80	5.61	5.47	5.26	5.11	4.73
10	10.0	7.56	6.55	5.99	5.64	5.39	5.20	5.06	4.85	4.71	4.33
12	9.33	6.93	5.95	5.41	5.06	4.82	4.64	4.50	4.30	4.16	3.78
15	8.68	6.36	5.42	4.89	4.56	4.32	4.14	4.00	3.80	3.67	3.29
20	8.10	5.85	4.94	4.43	4.10	3.87	3.70	3.56	3.37	3.23	2.86
24	7.82	5.61	4.72	4.22	3.90	3.67	3.50	3.36	3.17	3.03	2.66
30	7.56	5.39	4.51	4.02	3.70	3.47	3.30	3.17	2.98	2.84	2.47
40	7.31	5.18	4.31	3.83	3.51	3.29	3.12	2.99	2.80	2.66	2.29
60	7.08	4.98	4.13	3.65	3.34	3.12	2.95	2.82	2.63	2.50	2.12

练习参考答案

第 2 章

1. 1)

不同性别和年级在总数 100 人中所占的频数/频率表

	大一	大二	大三	大四	合计
男	7(7%)	10(10%)	18(18%)	12(12%)	47(47%)
女	9(9%)	16(16%)	12(12%)	16(16%)	53(53%)
总数	16(16%)	26(26%)	30(30%)	28(28%)	100(100%)

2）条形图：

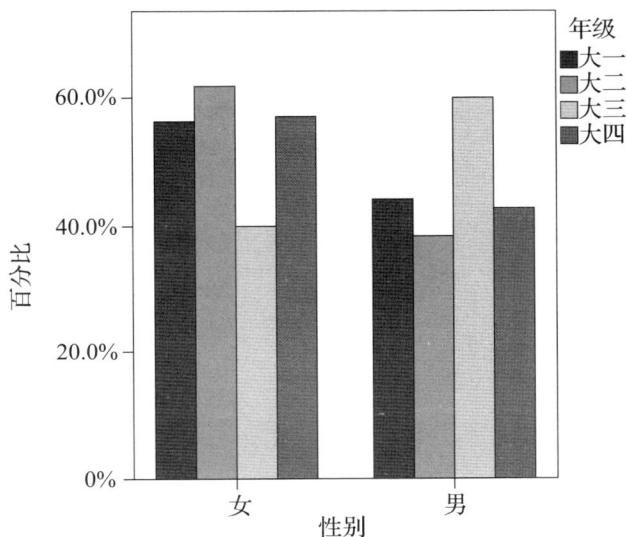

2.1)

某专业 60 个学生四级考试成绩频率分布表

间距	频数	频率	累积频数	累积频率
415～434	3	0.05	3	0.05
435～454	4	0.07	7	0.12
455～474	6	0.10	13	0.22
475～494	8	0.13	21	0.35
495～514	11	0.18	32	0.53
515～534	10	0.16	42	0.70
535～554	8	0.13	50	0.83
555～574	5	0.08	55	0.92
575～594	3	0.05	58	0.97
595～614	2	0.03	60	1
总和	60	1		

频率分布表的制作步骤如下：

- 打开 SPSS 软件，输入数据。

- 单击转换（Transform）→重新编码为不同变量（Recode into different variables）。

- 在该选择窗口，单击中间的箭头按钮，变量考试成绩会移到右侧的列表框中。

－在输出变量（Output variables），填写新名称（Name）和标签（Label），然后单击变化量（Change），最后选择"旧值和新值"（Old and new value）。

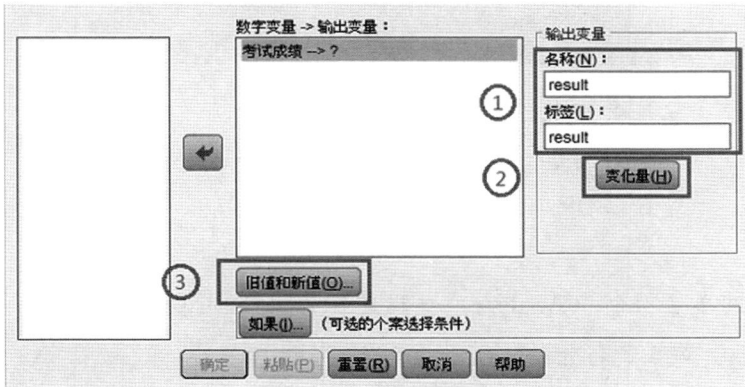

数字变量 -> 输出变量：
考试成绩 -> ?

输出变量
名称(N)：
result
标签(L)：
result

变化量(H)

① ②

③ 旧值和新值(O)...

如果(I)...（可选的个案选择条件）

确定　粘贴(P)　重置(R)　取消　帮助

－在重新编码为不同变量：旧值和新值（Recode into different variables: Old and new value）选择窗口中，先点"输出变量为字符串"（Output variables are strings）。在左侧的旧值属性选范围（Range），填写每组的最小值和最大值。在右侧的新值选"值"（Value），填写组名字，最后按"添加"（Add）。

－"继续"（Continue）。

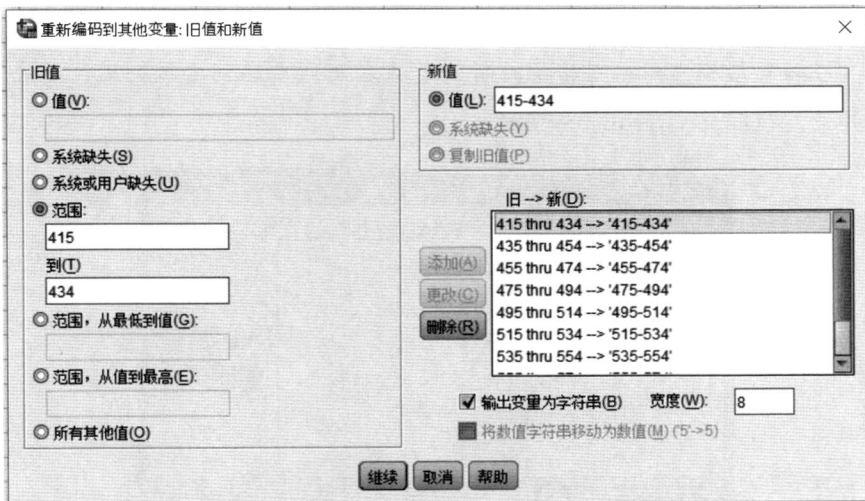

重新编码到其他变量：旧值和新值　×

旧值
○ 值(V)：

○ 系统缺失(S)
○ 系统或用户缺失(U)
● 范围：
415
到(T)
434
○ 范围，从最低到值(G)：

○ 范围，从值到最高(E)：

○ 所有其他值(O)

新值
● 值(L)：415-434
○ 系统缺失(Y)
○ 复制旧值(P)

旧 --> 新(D)：
415 thru 434 --> '415-434'
435 thru 454 --> '435-454'
455 thru 474 --> '455-474'
475 thru 494 --> '475-494'
495 thru 514 --> '495-514'
515 thru 534 --> '515-534'
535 thru 554 --> '535-554'

添加(A)
更改(C)
删除(R)

☑ 输出变量为字符串(B)　宽度(W)：8
☐ 将数值字符串移动为数值(M)（'5'->5）

继续　取消　帮助

－按"继续"后，会自动回到重新编码为不同变量对话框。在该对话框单击"确定"。现在我们有了新的变量如下：

— 继续单击分析（Analyze）→描述统计（Descriptive statistics）→频率（Frequency）命令，打开描述统计对话框。

— 在该对话框中，把刚转换的新变量从左侧列表移到右侧列表，单击"显示频率表"（Display frequency tables）。

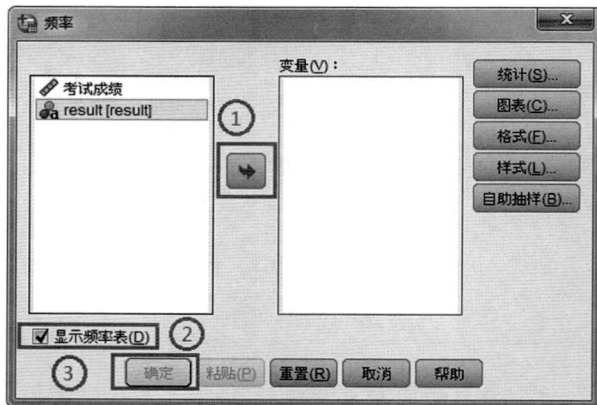

SPSS 软件制作结果如下：

某专业 60 个学生四级考试成绩频率表

	频数	百分比（频率）	有效百分比	累计百分比（累积频率）
415～434	3	5.0	5.0	5.0
435～454	4	6.7	6.7	11.7
455～474	6	10.0	10.0	21.7
475～494	8	13.3	13.3	35.0
495～514	11	18.3	18.3	53.3
有效 515～534	10	16.7	16.7	70.0
535～554	8	13.3	13.3	83.3
555～574	5	8.3	8.3	91.7
575～594	3	5.0	5.0	96.7
595～614	2	3.3	3.3	100.0
总计	60	100.0	100.0	

注释：其中的百分比和有效百分比就是频率、累计百分比就是累积频率。

2）制作频率分布直方图（步骤省略，做法同 2.2.2 单元"直方图"的制作步骤）：

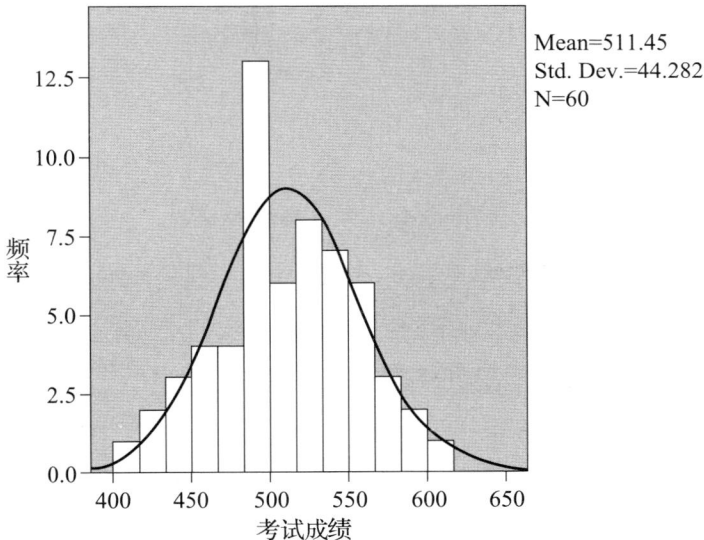

3）学生四级考试成绩累积频率曲线①（步骤省略，做法同 2.2.3 单元"累

———————————

① 提示：因为 SPSS 软件是自动定义组距的，因此下图的组距与上表中的组距不一样，根据上表中的组距作者用手工制作了一个成绩累积频率曲线图，其形状与 SPSS 软件制作出来的图很相似，建议读者也尝试做一个。

积频率曲线图"的制作步骤）：

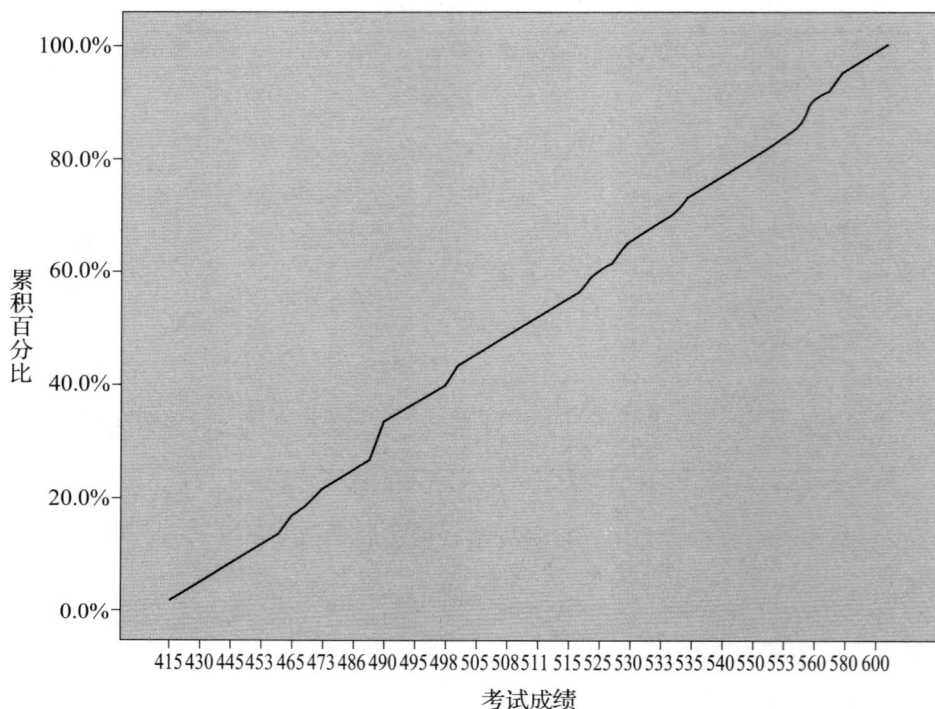

第3章

1. SPSS 操作：

– 执行分析/描述统计/频率命令，弹出频率对话框。

– 在频率对话框中，把变量成绩从左侧列表移到右侧列表，单击"统计"，"图表"，"格式"等按钮，弹出相应的对话框进行设置。如果想看频率表，可选"显示频率表"。最后单击"确定"，结果就出来了。

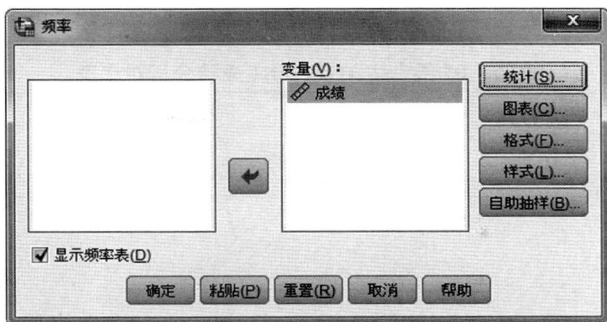

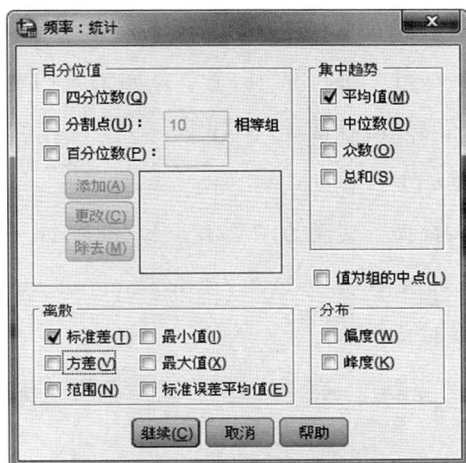

结果如下：

SPSS 软件计算的 06 级学生的 TOEFL iBT 考试结果

06 级成绩		
个案数	有效	28
	缺失	0
均值		86.75
标准差		8.141

2. 跟第一题的步骤一样，结果如下：

SPSS 软件计算的 07 级学生的 TOEFL iBT 考试结果

07 级成绩		
个案数	有效	32
	缺失	0
均值		83.63
标准差		12.125

3. 跟第一题的步骤一样，计算结果如下：

06 级、07 级学生 TOEFLiBT 成绩分析对比表

	人数	均值	标准差
06 级	28	86.75	8.141
07 级	32	83.63	12.125

第 4 章

1. 略。

2. 以《红高粱家族》为例。按照豆瓣读书网电子版的数据，该书全书是 588 页[①]。假设每页有 30 行，每行是 15 个字。如果我们要抽取 50 个词进行研究，第一步是先从1～588随机抽取 50 个数字。这时，我们采用 SPSS 软件生成一个随机数字表。步骤如下：

- 打开软件，输入数据（变量为"页编号"，值为 1～588）。
- 执行转换/随机数生成器（Transform/Random number generators）命令，弹出随机数生成器对话框。

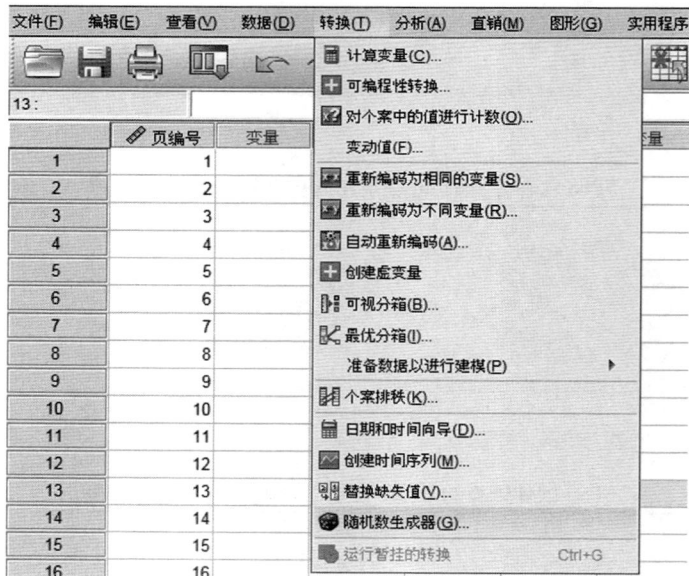

---

① 此书不同的出版社出版的页码数不一样，如云南人民出版社出版的 2012 版页数是 351。考虑到电子版阅读人群较多，因此，我们就采用豆瓣读书网电子版的页码数。

- 在随机数生成器对话框中的活动生成器初始化选项，选设置起点，然后固定值，然后单击"确定"。

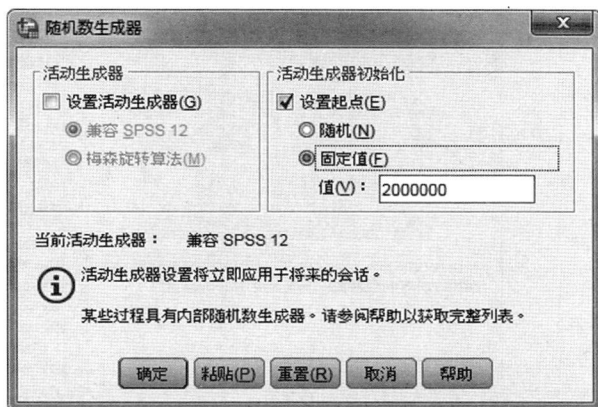

- 执行转换/计算变量（Transform/Compute）命令，弹出计算变量对话框。

- 在计算变量对话框，先填写目标变量（Target variables），再选函数组中的随机数（Random numbers）和函数和特殊变量中的 Rv. uniform，然后在数字表达式框，输入最小值和最大值，最后单击"确定"就完成了。

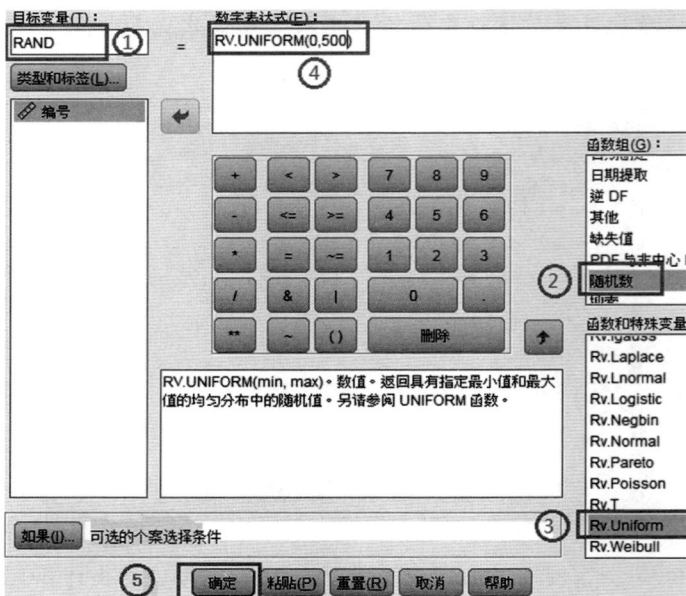

结果如下：

	编号	RAND2	变量	变量
1	1	290		
2	2	245		
3	3	331		
4	4	164		
5	5	480		
6	6	297		
7	7	187		
8	8	535		
9	9	499		

　　有大于 588 的数字，应该舍弃，重新抄写后面一个三位数，直到 50 个数字全都抄下来，这样页数就已确定。然后确定行数，即从 1～30 中随机抽出 50 个大于 1、小于 30 的两位数的数字。最后确定哪一个字，也就是从 1～15 中随机抽出 50 个大于 1、小于 15 的两位数的数字。这样我们便获得了 50 组数字，分别表示页、行、字，最后根据这 50 组数字就可得到随机抽出的 50 个字。在这些页、行、字里，任何两项（如页和行，或行和字，或页和字）

都可重复，只有页、行、字三方面不能同时重复，如有重复应该舍弃，因为这样抽出的是同一个字。

3. 此题步骤跟第 2 题一样。

4. 略。

第 5 章

1. 略。

2. 1）学生 A、学生 B、学生 C 的标准分分别为 1、1.2 和 0.7，即 $Z_B > Z_A > Z_C$，因此根据基础英语的考试结果，应该选择学生 A 和学生 B。

2）因为不同的考试，其平均分和标准差是不一样的，不能直接比较。只有计算成标准分才能进行比较。

3. 略。

4. 略。

第 6 章

1. 略。

2. 计算步骤如下：

– 打开 SPSS 软件，输入数据。

– 执行分析/比较平均值/单样本 t 检验（Analyze/Compare means/One-sample t test）命令，弹出单样本 t 检验对话框。

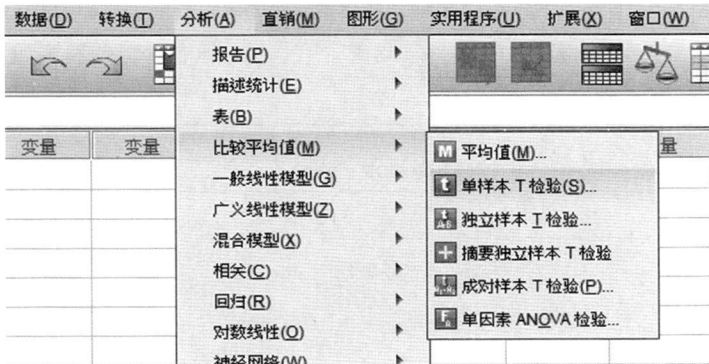

－在该对话框中，将左侧列表中的变量"成绩"移到右边列表。此时，在检验值（Test value）文本框中输入17。然后，单击"选项"（Options）按钮弹出"单样本 t 检验：选项"对话框。

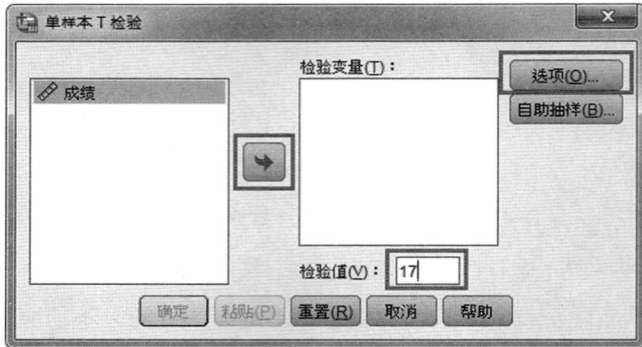

－这个选择窗口中选项的含义如下：

　＋置信区间（Confidence interval）：默认为99%。

　＋缺失值（Missing values）：选择按具体分析排除个案。

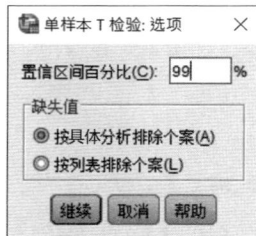

－回到单样本 t 检验对话框，单击"确定"就出结果了。结果如下：

单样本描述性统计

	个案数	均值	标准差	标准误差均值
成绩	20	20.90	2.751	.615

单样本 t 检验

		检验值＝17			
	t	自由度	显著性（双尾）	均值差值	差值99%置信区间
					下限 上限
成绩	6.340	19	.000	3.900	2.14 5.66

由上述单样本 t 检验表我们得知 $p < \alpha(0.00 < 0.01)$，因此我们拒绝零假设 H_0，得出结论：该机构 TOEFL iBT 考生的口语考试成绩与全国考生的成绩存在显著性差异。

3. SPSS 要分析的是前测与后测学生阅读成绩是否存在显著性差异，也即考察的是同一组学生，因此采用配对样本 t 检验，步骤跟 6.4 节例子一样。结果如下：

配对样本描述性统计

		均值	个案数	标准差	标准误差均值
配对 1	前测	25.83	29	5.575	1.035
	后测	31.86	29	5.263	.977

配对样本相关性

		个案数	相关性	显著性
配对 1	前测 & 后测	29	.854	.000

配对样本 t 检验

		均值	标准差	标准误差均值	差值95%置信区间 下限	差值95%置信区间 上限	t	自由度	显著性（双尾）
配对 1	前测-后测	−6.034	2.946	.547	−7.155	−4.914	−11.032	28	.000

从结果可看出来，学生前测的平均阅读成绩是 25.83，而后测的平均成绩为 31.86。前后成绩差值的均值为 -6.034，t 统计值为 -11.032，$p < \alpha(0.00 < 0.05)$，因此我们拒绝零假设：前测与后测学生阅读成绩不存在显著性差异，也就是接受备择假设：前测与后测学生阅读成绩存在显著性差异。说明在英语阅读课中介绍背景知识后有助于提高学生的英语阅读能力，因此成绩有了显著性变化。

置信区间设为 95% 的结果：

配对样本描述性统计

		均值	个案数	标准差	标准误差均值
配对 1	前测	25.83	29	5.575	1.035
	后测	31.86	29	5.263	.977

配对样本相关性

		个案数	相关性	显著性
配对 1	前测 & 后测	29	.854	.000

配对样本 t 检验

		差值95%置信区							
		均值	标准差	标准误差均值	下限	上限	t	自由度	显著性（双尾）
配对1	前测-后测	−6.034	2.946	.547	−7.155	−4.914	−11.032	28	.000

按置信区间95%计算，其结果也是一样。

4. 原理如同第3题，采用两配对样本 t 检验，步骤也跟第3题一样，结果如下：

配对样本描述性统计

		均值	个案数	标准差	标准误差均值
配对1	成绩前测	79.38	24	3.987	.814
	成绩后测	85.00	24	3.502	.715

配对样本相关性

		个案数	相关性	显著性
配对1	成绩前测 & 成绩后测	24	.881	.000

配对样本 t 检验

		差值99%置信区间							
		均值	标准差	标准误差均值	下限	上限	t	自由度	显著性（双尾）
配对1	成绩前测-成绩后测	−5.625	1.884	.385	−6.705	−4.545	−14.628	23	.000

从以上结果可看出，学生前测的平均语法成绩是79.38，而后测的平均成绩为85。前、后成绩差值的均值为−5.625，t 统计值为−14.628，$p < \alpha (0.00 < 0.01)$，因此我们拒绝零假设：听写前、后学生语法成绩不存在显著性差异，接受备择假设：听写前、后学生语法成绩具有显著性差异，说明听写有助于提高学生的语法水平。

置信区间设为95%的结果：

配对样本描述性统计

		均值	个案数	标准差	标准误差均值
配对 1	成绩前测	79.38	24	3.987	.814
	成绩后测	85.00	24	3.502	.715

配对样本相关性

		个案数	相关性	显著性
配对 1	成绩前测 & 成绩后测	24	.881	.000

配对样本 t 检验

		均值	标准差	标准误差均值	差值95%置信区 下限	差值95%置信区 上限	t	自由度	显著性（双尾）
配对 1	成绩前测-成绩后测	−5.625	1.884	.385	−6.420	−4.830	−14.628	23	.000

5.1）该 t 检验应该属于独立样本 t 检验；

2）步骤同 6.3 节。以下是采用 SPSS 软件计算的结果：

独立样本描述性统计

	班级	个案数	均值	标准差	标准误差均值
成绩	A 班	22	80.86	8.643	1.843
	B 班	22	76.64	9.555	2.037

独立样本 t 检验结果

		莱文方差等同性检验 F	莱文方差等同性检验 显著性	均值等同性 t 检验 t	均值等同性 t 检验 自由度	均值等同性 t 检验 显著性（双尾）	均值等同性 t 检验 均值差值	均值等同性 t 检验 标准误差差值	差值99%置信区间 下限	差值99%置信区间 上限
成绩	假定等方差	.280	.599	1.539	42	.131	4.227	2.747	−3.184	11.638
	不假定等方差			1.539	41.584	.131	4.227	2.747	−3.187	11.642

从上述两个表格可以看出：期末考试后，A 班的平均听力成绩为 80.86，B

班平均听力成绩为 76.64。两个班的成绩差值为 4.22，t 统计量为 1.539，$p >$ α(0.599＞0.01)，因此我们接受零假设：采用翻转课堂教学模式的 A 班的听力成绩与采用传统教学模式的 B 班的听力成绩不存在显著性差异。也就是，在这次实验中采用翻转课堂进行听力教学并不比采用传统方法的听力教学效果好。至于其中的原因，有待研究者甚至读者进一步的研究与解读。

95％置信区间的分析结果：

独立样本描述性统计

	班级	个案数	均值	标准差	标准误差均值
成绩	A 班	22	80.86	8.643	1.843
	B 班	22	76.64	9.555	2.037

独立样本 t 检验结果

	莱文方差 等同性检验		均值等同性 t 检验						
	F	显著性	t	自由度	显著性 （双尾）	均值 差值	标准误 差差值	差值95％置信区间	
								下限	上限
成绩 假定等方差	.280	.599	1.539	42	.131	4.227	2.747	−1.316	9.770
不假定等方差			1.539	41.584	.131	4.227	2.747	−1.318	9.772

用 95％的置信区间计算，其结果也是一样的。

第 7 章

1. 略。

2. 步骤跟 7.2 节中的例子一样，结果如下：

方差齐性检验

成绩

莱文统计	自由度 1	自由度 2	显著性
.283	3	36	.837

ANOVA

成绩

			平方和	自由度	均方	F 值	显著性
组间	（组合）		29.275	3	9.758	2.497	.075
	线性项	对比	3.125	1	3.125	.800	.377
		偏差	26.150	2	13.075	3.345	.046
组内			140.700	36	3.908		
总计			169.975	39			

从上述 ANOVA 表可以看出 F 值为 2.497，$p > \alpha(0.075 > 0.05)$，因此我们应接受零假设：这四个城市随机抽出来的考生的 TOEFLiBT 口语考试成绩没有显著性差异。当然，我们也可以说在 10% 显著水平上 $[p < \alpha(0.075 < 0.10)]$ 这四个城市考生的 TOEFLiBT 口语考试成绩是有显著性差异的。

事后多重比较

因变量：　成绩

	（I）城市	（J）城市	均值差值 (I−J)	标准误差	显著性	95%置信区间 下限	上限
LSD	A	B	.300	.884	.736	−1.49	2.09
		C	−1.100	.884	.221	−2.89	.69
		D	1.300	.884	.150	−.49	3.09
	B	A	−.300	.884	.736	−2.09	1.49
		C	−1.400	.884	.122	−3.19	.39
		D	1.000	.884	.266	−.79	2.79
	C	A	1.100	.884	.221	−.69	2.89
		B	1.400	.884	.122	−.39	3.19
		D	2.400*	.884	.010	.61	4.19
	D	A	−1.300	.884	.150	−3.09	.49
		B	−1.000	.884	.266	−2.79	.79
		C	−2.400*	.884	.010	−4.19	−.61

＊．均值差值的显著性水平为 0.05。

成绩

	城市	个案数	Alpha 的子集＝0.05	
			1	2
S－N－Kª	D	10	19.30	
	B	10	20.30	20.30
	A	10	20.60	20.60
	C	10		21.70
	显著性		.317	.266

将显示齐性子集中各个组的均值。

a. 使用调和均值样本大小＝10.000。

3. 步骤跟 7.3 节的例子一样，结果如下：

方差分析（ANOVA）结果

误差来源	自由度 df	平方和 SS	均方 MS	F 值
组内	29	158.322	5.459	$F_{29,58}=22.651$
组间	2	0.022	0.011	$F_{2,58}=0.046$
残差	58	13.978	0.241	
总和	89	172.322		

由上表方差分析的结果可知，在 5％的显著性水平下，组内 F 统计量为 22.651，大于 $F_{(29,58)}$ 的临界值，拒绝原假设，因此每位判卷老师对组内每位学生的写作模拟考试的评分有显著性差异；组间 F 统计量 0.046，小于 $F_{(2,62)}$ 的临界值，因此接受原假设，三组判卷老师对学生的写作模拟考试的评分无显著性差异。从测试学的角度来解释，这三位老师的评分是比较一致的，也就是信度（Reliability）是比较高的[1]。

4.（1）步骤跟 7.4 节的例子一样，结果如下：

---

[1] 具体信度有多高要进行计算，也可以用三位老师评分的相关系数来衡量。因为此处不是我们阐述的重点，所以我们就不展开讨论了。

主体间因子

		值标签	个案数
城市	1	A	10
	2	B	10
	3	C	10
	4	D	10
性别	1	男	20
	2	女	20

误差方差的莱文等同性检验ᵃ

因变量： 成绩

F	自由度1	自由度2	显著性
.496	7	32	.830

检验"各个组中的因变量误差方差相等"这一原假设。

a. 设计：截距＋城市＋性别＋城市＊性别

主体间效应检验

因变量： 成绩

源	III 类平方和	自由度	均方	F 值	显著性
修正模型	53.575ᵃ	7	7.654	2.104	.072
截距	16 769.025	1	16 769.025	4 610.041	.000
城市	29.275	3	9.758	2.683	.063
性别	9.025	1	9.025	2.481	.125
城市 ＊ 性别	15.275	3	5.092	1.400	.261
误差	116.400	32	3.638		
总计	16 939.000	40			
修正后总计	169.975	39			

a. R 方＝.315（调整后 R 方＝.165）

（2）1）从上表我们可以看出，对于城市因素 F 值为 2.683，$p > \alpha (0.063 > 0.05)$，因此我们接受零假设：不同城市考生 TOEFLiBT 的口语考试成绩均值没有显著性差异；当然，我们也可以说在 10％ 显著水平上 $[p < \alpha (0.063 < 0.10)]$ 不同城市考生的 TOEFLiBT 口语考试成绩是有显著性差异的。

2）对于性别因素 F 值为 2.481，$p>\alpha(0.125>0.05)$，因此我们也接受零假设：不同性别考生 TOEFLiBT 的口语考试成绩均值没有显著性差异。

3）对于城市与性别的相互作用，F 值为 1.400，$p>\alpha(0.261>0.05)$，同样，我们接受零假设：城市因素和性别因素的交互作用没有对考生口语成绩产生显著性影响。

第 8 章

1．略。

2．1）学生论文选题的期望频数列表如下：

学生选题的观察频数与期望频数表

	观察频数	期望频数
文学	40	30
语言学	30	30
翻译	20	30

2）学生论文选题观察频数的分布与期望频数的分布的差异性计算结果如下：

观察频数 （o_i）	期望频数 （e_i）	差异 （o_i-e_i）	$(o_i-e_i)^2$	相对差异 $\dfrac{(o_i-e_i)^2}{e_i}$
40	30	10	100	3.33
30	30	0	0	0
20	30	−10	100	3.33
			总差异（Total deviance）=6.66	

本题中显著水平 $\alpha=0.05$，$df=3-1=2$，查附录 1 表 5 得知 χ^2 临界值 χ^2 是 $\chi^2_{2,0.05}=5.99$，也即统计量 6.66 大于 5.99 的临界值，因此我们可以推翻零假设：学生论文选题观察频数的分布与期望频数的分布没有差异，接受备择假设：学生论文选题观察频数的分布与期望频数的分布具有差异性。

3）使用 SPSS 24.0 软件计算，其步骤跟 8.2 节中的例子的步骤一样，结果如下：

论文的观察频数与期望频数表

	观察频数	期望频数	残差
文学	40	30.0	10.0
语言学	30	30.0	.0
翻译	20	30.0	−10.0
总计	90		

检验统计结果

	论文
卡方	6.667[a]
自由度	2
渐近显著性	.036

a. 0 个单元格（0.0%）的期望频率低于 5。期望的最低单元格频率为 30.0。

结论：相伴概率值为 0.036，小于显著性水平 0.05，因此可以认为样本来源总体的分布与指定的期望分布有着明显的差异性。这个结果与手工计算的结果是一致的。

3. 计算结果如下：

100 个学生专八考试成绩频数表

分数段	观察频数	Z 分数段 $Z=\dfrac{X-50}{10}$	期望频率	期望频数
30 以下	2 ⎫5	−2	0.023	2.3 ⎫6.7
30～35	3 ⎭	−2.0～−1.5	0.044	4.4 ⎭
35～40	8	−1.5～−1.0	0.092	9.2
40～45	10	−1.0～−0.5	0.15	15
45～50	25	−0.5～0.0	0.192	19.2
50～55	23	0.0～0.5	0.192	19.2
55～60	13	0.5～1.0	0.15	15
60～65	9	1.0～1.5	0.092	9.2
65～70	4 ⎫7	1.5～2.0	0.044	4.4 ⎫6.7
70 以上	3 ⎭	2	0.023	2.3 ⎭

检验某校英专专八考试分数分布是否与正态分布相拟合的统计量计算过程表

观察频数 (o_i)	期望频数 (e_i)	差异 (o_i-e_i)	$(o_i-e_i)^2$	相对差异 $\dfrac{(o_i-e_i)^2}{e_i}$
5	6.7	−1.7	2.89	0.43
8	9.2	−1.2	1.44	0.16
10	15	−5	25	1.67
25	19.2	5.8	33.64	1.75
23	19.2	3.8	14.44	0.75
13	15	−2	4	0.27
9	9.2	−0.2	0.04	0.04
7	6.7	0.3	0.09	0.01
				总差异（Total deviance）=5.08

查自由度为 $df=k-1$ 的 χ^2 概率分布表。本例中显著水平 $\alpha=0.05$，$df=8-1=7$，查附录 1 表 5 得知 χ^2 临界值是 $\chi^2=14.1$，也即统计量 5.08 小于 14.1 的临界值。因此我们应该接受零假设：这些学生专八考试分数的分布与平均分为 50，标准差为 10 的正态分布相拟合，也即均为正态分布。从上表的观察频数和期望频数两栏我们也可以看出他们的数据分布形态均为正态分布。

使用 SPSS 24.0 软件计算，其结果如下：

成绩

	实测个案数	期望个案数	残差
35 以下	5	6.7	−1.7
35~40	8	9.2	−1.2
40~45	10	15.0	−5.0
45~50	25	19.2	5.8
50~55	23	19.2	3.8
55~60	13	15.0	−2.0
60~65	9	9.2	−.2
65 以上	7	6.7	.3
Total	100		

检验统计

	分数段
卡方	5.053[a]
自由度	7
渐近显著性	.654

a. 0 个单元格（0.0%）的期望频率低于 5。期望的最低单元格频率为 6.7。

从上述表的结果得知，统计量 5.053 与手工计算的结果是一致的[①]，因此得出的结论也应该是一样的。

4. 计算结果如下表：

学生参加各类学业辅导的倾向性调查列联表

(a) 观察频数

性别	各类学业辅导				
	课程辅导	实验辅导	科研指导	综合辅导	总数
男生	10	12	15	15	52
女生	18	8	9	13	48
总数	28	20	24	28	100

(b) 期望频数：$E=$（行总数×列总数）÷总数

	各类学业辅导				
	课程辅导	实验辅导	科研指导	综合辅导	总数
男生	14.56	10.4	12.48	14.56	52
女生	13.44	9.6	11.52	13.44	48
总数	28	20	24	28	100

(c) 偏差/统计量：（观察频数－期望频数)^2÷期望频数

	各类学业辅导			
	课程辅导	实验辅导	科研指导	综合辅导
男生	1.43	0.25	0.51	0.01
女生	1.55	0.27	0.55	0.01

总偏差/统计量=4.58

---

① 只是因为四舍五入而稍微有些差别。

本例中显著性水平 $\alpha=0.05$，$df=3$，查附录 1 表 5 得知 χ^2 临界值是 $\chi^2_{(3,0.05)}=7.82$，也即统计量 4.58 小于 7.82 的临界值。因此我们必须接受零假设：这些学生参加学业辅导的倾向性与他们的性别无关，也就是说男生和女生参加各类学业辅导的倾向性没有差异。

以下是 SPSS 软件计算过程：

– 打开 SPSS 软件，输入数据。

– 执行分析/描述统计/交叉表（Analyze/Descriptive statistics/Crosstabs）命令，弹出"交叉表"对话框。

– 在该对话框中，将左边列表中的"性别"添加到"行"框中，将"辅导"添加到"列"框中，然后点击"统计"按钮，弹出"交叉表：统计"对话框。

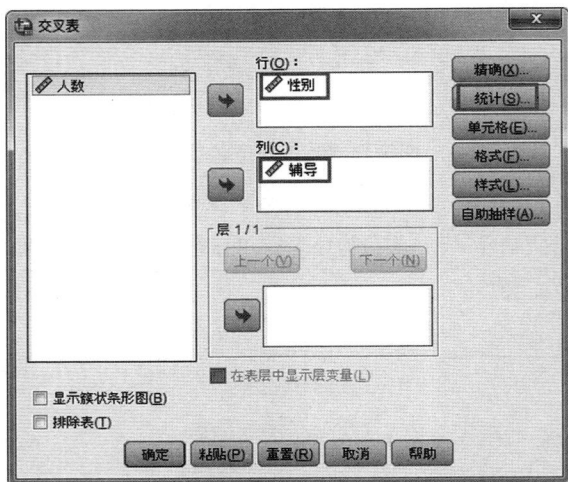

– 在"交叉表：统计"对话框中，选"卡方检验"单选项，然后单击"继续"按钮，返回到"交叉表"选择窗口。

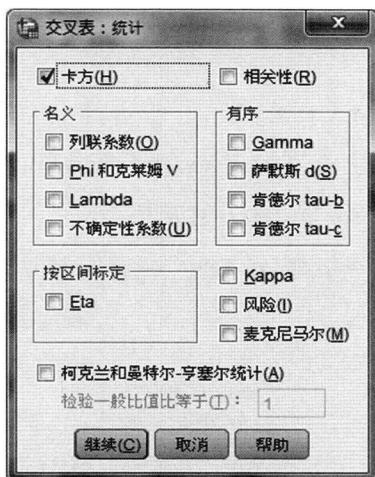

在"交叉表"对话框中，点击"确定"按钮弹出结果。结果如下：

性别 ＊ 辅导交叉表

		各类学业辅导				总计
		课程辅导	实验辅导	科研辅导	综合辅导	
性别	男	10	12	15	15	52
	女	18	8	9	13	48
总计		28	20	24	28	100

卡方检验

	值	自由度	渐进显著性（双侧）
皮尔逊卡方	4.576[a]	3	.206
似然比（L）	4.622	3	.202
线性关联	1.835	1	.176
有效个案数	100		

a. 0 个单元格（0.0%）的期望计数小于 5。最小期望计数为 9.60。

从上表可见，卡方检验的结果是 4.58，跟上面我们计算的结果一样。再者，$p > \alpha (0.206 > 0.05)$，同样，我们必须接受零假设：这些学生参加学业辅导的倾向性与他们的性别无关，也就是说男生和女生参加各类学业辅导的倾向性没有差异。

第 9 章

1. 略。

2. 计算步骤如下：

– 打开 SPSS 软件，输入数据。

– 执行分析/相关/双变量（Analyze/Correlate/Bivariate）命令，弹出"双变量相关性"（Bivariate correlations）对话框。

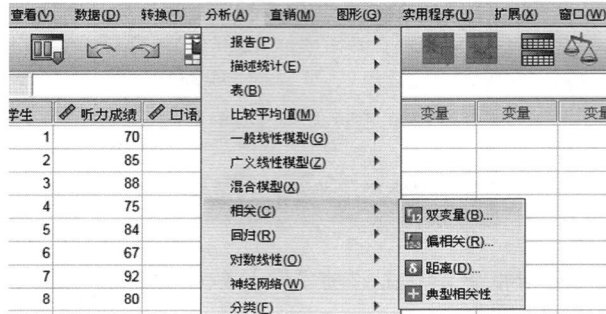

– 在此对话框中将"听力成绩"和"口语成绩"变量添加到右侧的变量列表框中，同时在"相关系数"（Correlation coefficients）框中选择"皮尔逊"（Pearson），然后单击"选项"（Options）按钮，弹出"双变量相关性：选项"（Bivariate correlations：Options）对话框。

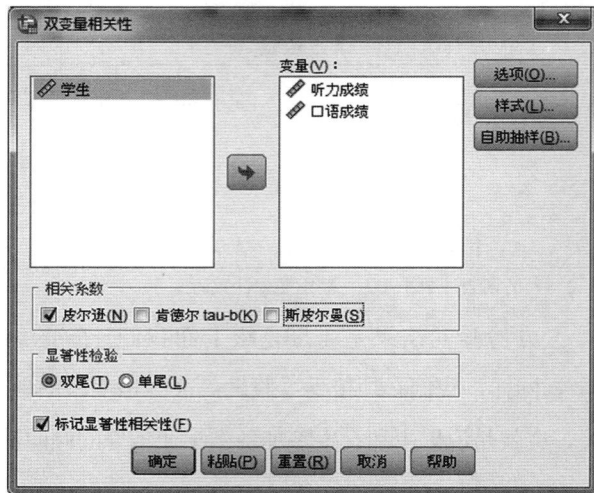

- 在这对话框选"平均值和标准差（Mean and standard deviation）"，然后点击"继续"。

- 返回"双变量相关性"对话框，单击"确定"就可以看结果了。结果如下：

描述统计

	均值	标准差	个案数
听力成绩	78.09	8.949	22
口语成绩	76.41	8.393	22

相关性

听力成绩	皮尔逊相关性	1	.926**
	显著性（双尾）		0
	个案数	22	22
口语成绩	皮尔逊相关性	.926**	1
	显著性（双尾）	0	
	个案数	22	22

**. 在 0.01 级别（双尾），相关性显著。

由上表可知：学生的听力和口语成绩的相关性在 1‰ 的显著性水平上达到了 0.93，显然相关性是非常高的。也就是说，学生大量练习听力，不仅对提高听力水平本身有好处，对提高口语水平也是有帮助的。

3. 计算步骤如下：

- 打开 SPSS 软件，输入数据。

– 执行分析/相关/双变量（Analyze/Correlate/Bivariate）命令，弹出"双变量相关性（Bivariate correlations）"对话框。

– 在该对话框将"口语等级"和"写作等级"变量添加到右侧的变量列表中，同时在"相关系数"框中选择"斯皮尔曼"（Spearman），最后单击"确定"按钮。

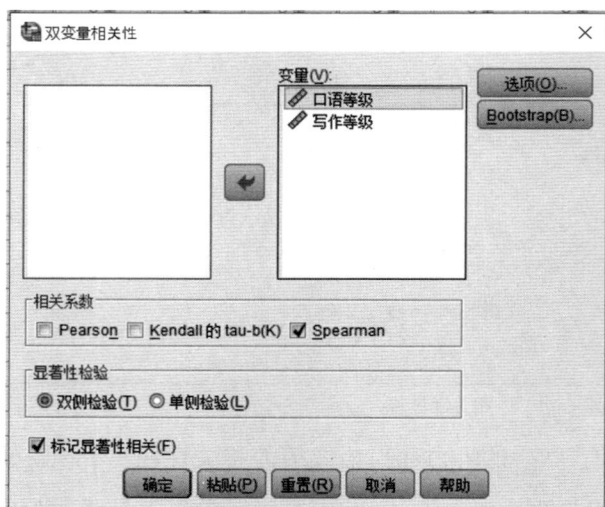

结果如下：

相关性

			口语等级	写作等级
斯皮尔曼 Rho	口语等级	相关系数	1.000	.920**
		显著性（双尾）	.	.000
		个案数	20	20
	写作等级	相关系数	.920**	1.000
		显著性（双尾）	.000	.
		个案数	20	20

**. 在 0.01 级别（双尾），相关性显著。

由上表可知：学生的口语和写作成绩的相关性在 1% 的显著水平上达到了 0.92，说明这两个语言技能的相关性是比较高的，也许这是因为这两个语言技能都属于产出性技能（Productive skill），均反映学生产出之语言能力的缘故。

第 10 章

1. 略。

2. 略。

3. 1）步骤跟表 10.3 的例子一样，结果如下：

模型摘要

模型	R 值	R 方	调整后 R 方	标准估算的误差
1	.955[a]	.913	.909	2.041

a. 预测变量：（常量），x

ANOVA[a]

模型		平方和	自由度	均方	F	显著性
1	回归	1 005.142	1	1 005.142	241.272	.000[b]
	残差	95.818	23	4.166		
	总计	1 100.96	24			

a. 因变量：y

b. 预测变量：（常量），x

系数[a]

模型		未标准化系数		标准化系数	t	显著性
		B	标准误差	Beta		
1	（常量）	4.334	5.019		.864	.397
	X	.953	.061	.955	15.533	.000

a. 因变量：y

从可决系数 $R^2 = 0.913$ 可知，该回归直线的拟合程度还是不错的。从 $F_{(1,23)} = 241.272$，$p < \alpha (0.000 < 0.01)$，我们可以推翻回归系数与零不存在显著性差异的零假设，即回归系数与零存在着显著性差异，也就是：解释变量 x 与被解释变量 y 的线性关系具有显著性。

2）此一元回归的方程为：$\hat{y} = 4.33 + 0.95x$

方程拟合的结果表明，平均每增加一万字的阅读输入量，写作成绩能够平均提高 0.95 分。

4. 计算步骤与表 10.4 的例子一样，结果如下：

描述统计

	均值	标准偏差	个案数
y	80.96	7.080	25
x_1	82.64	7.697	25
x_2	83.08	6.298	25
x_3	83.28	6.107	25

模型摘要

模型	R	R 方	调整后 R 方	标准估算的误差
1	.965[a]	.931	.921	1.992

a. 预测变量：（常量），x_3，x_2，x_1

ANOVA[a]

模型		平方和	自由度	均方	F 值	显著性
1	回归	1 119.609	3	373.203	94.028	.000[b]
	残差	83.351	21	3.969		
	总计	1 202.960	24			

a. 因变量：y

b. 预测变量：（常量），x_3，x_2，x_1

系数[a]

模型		未标准化系数		标准化系数 Beta	t 值	显著性
		B	标准误差			
1	（常量）	-6.467	6.006		-1.077	.294
	x_1	.476	.107	.518	4.431	.000
	x_2	.384	.118	.341	3.262	.004
	x_3	.194	.119	.168	1.636	.117

a. 因变量：y

因此，拟合回归的方程为：$\hat{y}=-6.47+0.48x_1+0.38x_2+0.19x_3$

从可决系数 $R^2=0.931$ 可知，该回归直线的拟合程度不错。从 $p<\alpha(0.000<0.01)$，我们可以推翻回归系数与零不存在显著性差异的零假设，即回归系数与零存在着显著性差异，也就是：解释变量 x 与被解释变量 y 的线性关系具有显著性。

统计学常用英汉术语表

A

absolute value	绝对值
accumulation	累积
accumulated frequency	累积频数
accuracy	准确度
addition	加、增加、加法
alternative hypothesis	备择假设
analysis of correlation	相关分析
analysis of regression	回归分析
analysis of variance（ANOVA）	方差分析
aptitude test	学能测试
arithmetic mean	算术平均数
arithmetic weighted mean	加权算数平均数
asymmetry	不对称、不对称性
average	均值
axis	轴线

B

bar chart	条形图
bell-shaped curve	钟形曲线

between-group variation	组间差异
bias	偏性、偏差
biometrics	生物统计学
block	区组

C

calculate	计算、运算
case study	个案研究
categorical data	分类数据
cell	单元、格
central tendency	集中趋势
Central Limit Theorem	中心极限定理
Chi-squared distribution	卡方分布
Chi-squared test	卡方检验
class interval	组距
cluster analysis	聚类分析
coefficient of contingency	列联系数
coefficient of correlation	相关系数
coefficient of determination	决定系数
coefficient of production-moment correlation	积差相关系数
coefficient of rank correlation	等级相关系数
coefficient of regression	回归系数
coefficient of variation	变异系数
collection of data	数据收集
column	列
column effect	列效应
common variance	公共方差
comparison	比较

comparability	可比性
conclusion	结论
conditional probability	条件概率
confidence	置信度
confidence level	置信水平
confidence interval	置信区间
correlation	相关性
correlation coefficient	相关系数
correlated samples	相关样本
continuous data	连续数据
continuous variable	连续变量
control group	控制组
control variable	控制变量
coordinates	坐标
covariance	协方差
critical value	临界值
cumulative frequency	累积频数
curve	曲线

D

data	数据、资料
data analysis	数据分析
data bank	数据库
data capacity	数据容量
data deficiency	数据缺乏
data processing	数据处理
degree of freedom	自由度
dependent variable	因变量

descriptive statistics	描述性统计
design	设计
deviation	离差
diagnostic test	诊断性测验
difference between means	平均值之差
dimension	维数
discrete variable	离散型变量
discriminant analysis	判别分析
discriminant coefficient	判别系数
dispersion	离散、离差、离散趋势
distribution	分布
distribution of scores	分数的分布
disproportional	不成比列的

E

effect	影响、作用、实验效应
equal	等于、相等
equation	方程
equivalent forms	对等试题
error	误差、错误
error variance	误差的方差
error of estimate	估计误差
estimate	估计、估计值
estimation	估计
estimator	估计量
evaluation	评估、评价
event	事件
expected frequency	期望频率

expected values	期望值
experiment	实验
experiment design	实验设计
experiment error	实验误差
experimental	实验性的
experimental group	实验组
experimental method	实验方法
experimental studies	实验研究

F

F-distribution	F 分布
F-test	F 检验
F statistics	F 统计量
factor	因素
factor analysis	因素分析
factorial design	多因素设计
field investigation	现场调查
field notes	现场记录
findings	结果、发现
formula	公式
frequency	频数、频率
function	函数

G

Gauss，Carl Friedrich（1777—1855）	德国的数学家，在统计学里正态分布也称高斯分布。
goodness of fit	拟合程度
grand mean	总平均值
graph	曲线图

| group mean | 分组平均值 |

H

histogram	直方图
homogeneous	同性质的、同类的
homogeneity	同质、统一性
hypothesis	假设
hypothesis testing	假设检验
hypothetical	假设的、假定的

I

independence	独立性
independent samples	独立样本
independent variable	自变量
index	指标、指数
inferential statistics	推论统计
interaction	相互作用
interaction effects	交互效应
item	题目、项目
item analysis	题目分析
item difficulty	题目难度
item discrimination	题目区分度
item facility	题目易度
intercept	截距
interpretation	解释
interquartile range	四分位区间距
interval	区间
introspection	内省法

K

kurtosis	峰值

L

large sample	大样本
large sample test	大样本检验
least-squares method	最小二乘法
level	水平（如变量的取值分类、显著性水平、置信水平）
linear correlation	直线相关
linear equation	线性方程
linear regression	线性回归
linear relationship	线性关系

M

magnitude	大小
main effect	主效应
mathematical operations	数学运算
matrix	矩阵、矩阵表
maximum	最大值
mean	平均值、均值
mean squares	均方
mean squares between groups	组间均方
mean squares within group	组内均方
measure	量度、测量
median	中位数
minimum	最小值
mode	众数

model	模型、模式
multiple comparison	多重比较
multiple correlation	复相关
multiple linear regression	多元线性回归
multivariate analysis	多变量分析
multivariate observation	多变量观察
mutual independence	互相独立

N

negative correlation	负相关
no statistical significance	无统计意义
nominal scale	定类量表、名义量表
nominal variable	定类变量、名义变量
nonlinear relationship	非线性关系
non-parametric statistical test	非参数检验
normal curve	正态曲线
normal distribution	正态分布
normal standard scores	正态标准分数
null hypothesis	零假设
numerical data	数值性数据
numerical variable	数值变量

O

observation	观察
observed frequencies	观察频数
observed scores	观察分数
observed values	观察值
one-factor design	单因素设计
one-tailed test	单侧检验

one-way analysis of variance(one-way ANOVA）	单因素方差分析
operation	运算
ordinal variable	定序变量、顺序变量
ordinates	横坐标
outliers	极端值

P

paired design	配对设计
paired sample	配对样本
parameter	参数
partial correlation	偏相关
Pearson，Karl(1857—1936)	为英国统计学之父，标准差、相关系数、卡方检验都是他提出的。
percentage	百分比
percentile curve	百分位曲线
percentile	百分位
percentile rank	百分位等级
pie chart	饼状图
point estimation	点估计
point estimator	点估计量
polled standard deviation	合并标准差
polled variance	合并方差
population	总体
population mean	总体平均数
positive correlation	正相关
predicted values	预测值
precision	精密度

principal component analysis	主成分分析
probability	概率
product moment	乘积矩
proportion	比、比率
proportionate	成比例

Q

questionnaire	调查问卷
qualitative analysis	定性分析
quantitative analysis	定量分析
quartile	四分位数

R

random	随机
random allocation	随机化分组
random assignment	随机化分组
random blocks design	随机区组设计
random effects	随机作用
random event	随机事件
random sampling	随机抽样
random selection	随机选择
random variable	随机变量
randomization	随机化
range	范围、全距
rank	等级
rank correlation	等级相关
rank orders	等级秩序
rate	比率
ratio	比例

ratio scale	比列量表
raw scores	原始分数
reduction	减少、降低
region of acceptance	接受域
region of rejection	拒绝域
regression	回归
regression analysis	回归分析
regression coefficient	回归系数
regression line	回归直线
regression sum of square	回归平方和
relationship	关系
relative cumulative frequency	累计频率
reliability	信度、可靠性
repeated measures	重复测试
research project	研究项目
residual	残差
residual sum of square	残差平方和
residual variance	残差方差
round down/round up	四舍五入
row	行
row effects	行效应

S

sample	样本
sample mean	样本平均数
sample size	样本大小、样本量
sample standard deviation	样本标准差
sampling	抽样

sampling distribution of means	样本平均数分布
sampling error	抽样误差
scale	量表
scatter	散点
scatter diagram	散点图
scattergram	散点图
screening	筛选
score	分数
sign test	符号检验
significance	显著性
significance level	显著水平
significance test	显著性检验
simple effect	单一作用
simple cluster sampling	简单整群抽样
simple correlation	简单相关
simple random sampling	简单随机抽样
simple regression	简单回归
skewed	（分布图形）向一边倾斜
skewed to the right	（峰左移）右偏
skewed to the left	（峰右移）左偏
skewness	偏度
slop	斜率
square	平方
source of variation	变异来源
spearman rank correlation	斯皮尔曼等级相关
standard deviation	标准差
standard error	标准误差

standard error of estimate	标准估计误差
standard error of measurement	标准测量误差
standard normal curve	标准正态曲线
standard normal distribution	标准正态分布
standardization	标准化
standardized	标准化的
standardized scores	标准化分数
standardized test	标准化测验
statistic	统计量
statistical analysis	统计分析
statistical hypothesis	统计假设
statistical inference	统计推断
statistical table	统计表
Statistical Product and Service Solutions	统计产品与服务解决方案（原名（SPSS）社会科学统计软件包）
statistical significance	统计显著性
stratified sampling	分层抽样
subjects	受试者、实验对象
subtest	子测验、分测验
sum	和
sum of squares	平方和
sum of squares about regression	回归平方和
sum of squares between groups	组间平方和
survey	调查
symbol	符号
symmetry	对称
system	系统

| systematic error | 系统误差 |
| systematic sampling | 系统抽样 |

T

t distribution	t 分布
t statistic	t 统计量
t test	t 检验
table	表
table of specifications	明细表
test	测验、检验
test item	测试题目
testing	测试、检验
testing of hypotheses	假设检验
time series	时间序列
theory	理论
total	总和
total sum of square	总平方和
total variation	总变异
trait	特征
transformation	转换
transformed scores	转换分数
trial	实验
treatment	（实验）处理
trend	趋势
true scores	真实分数
two-tailed test	双侧检验
two-way analysis of variance	双因素方差分析
two-way table	双向表

| Type I error | 第一类错误 |
| Type II error | 第二类错误 |

U

unbiased estimate	无偏估计
univariate	单变量的
upper limit	上限

V

validity	效度
value	数值
variability	差异性、变异性
variable	变量
variance	方差
variation	变化、差异

W

weight	权数
weighted mean	加权平均数
weighted scores	加权分数
width	宽度
within-group variation	组内差异

X

| χ^2 statistic | χ^2 统计量 |
| χ^2 test | χ^2 检验 |

Z

Z score	Z 分数
Z test	Z 检验
Zero correlation	零相关
Z-transformation	Z 变换

图书在版编目（CIP）数据

SPSS 24.0 统计分析：在语言研究中的应用 / 黄晓玉，王兰会编著. -- 北京：中国人民大学出版社，2021.3

ISBN 978-7-300-28872-7

Ⅰ.①S… Ⅱ.①黄… ②王… Ⅲ.①语文统计－统计分析－应用软件 Ⅳ.①H0-05

中国版本图书馆 CIP 数据核字（2020）第 272285 号

SPSS 24.0 统计分析——在语言研究中的应用

黄晓玉　王兰会　编著

SPSS 24.0 Tongji Fenxi——Zai Yuyan Yanjiuzhong de Yinyong

出版发行	中国人民大学出版社				
社　　址	北京中关村大街 31 号		**邮政编码**	100080	
电　　话	010－62511242（总编室）		010－62511770（质管部）		
	010－82501766（邮购部）		010－62514148（门市部）		
	010－62515195（发行公司）		010－62515275（盗版举报）		
网　　址	http://www.crup.com.cn				
	http://www.1kao.com.cn（中国 1 考网）				
经　　销	新华书店				
印　　刷	涿州市星河印刷有限公司				
规　　格	170 mm×240 mm　16 开本		**版　　次**	2021 年 3 月第 1 版	
印　　张	15		**印　　次**	2021 年 3 月第 1 次印刷	
字　　数	224 000		**定　　价**	48.00 元	